TRABAJANDO EN EQUIPO

DANIEL PRIETO

TRABAJANDO EN EQUIPO
Edición en español publicada por
Editorial Vida – 2015
Miami, Florida

© **2015 por Daniel Prieto**
Este título también está disponible en formato electrónico.

Editora en Jefe: *Graciela Lelli*
Diseño interior: *Grupo Nivel Uno, Inc.*
Edición: *Marta Liana García*

ISBN: 978-0-82973-640-3

CATEGORÍA: Religión / Ministerio Cristiano / General

IMPRESO EN ESTADOS UNIDOS DE AMÉRICA
PRINTED IN THE UNITED STATES OF AMERICA

15 16 17 18 19 DCI 9 8 7 6 5 4 3 2 1

A mi esposa Mónica, mi cómplice y compañera
desde hace veintiséis años, y a mis hijas Melisa,
Julieta, Paula y Victoria. Siempre hemos trabajado
juntos como un equipo.

Contenido

Trabajando en equipo es una excelente herramienta para lograr convertir a un grupo que trabaja de manera desconectada en un equipo que sirve de forma unida y eficiente. En este libro, el autor Daniel Prieto ha provisto una serie de principios a seguir que pueden ser llevados a la práctica inmediatamente mientras se lee, reflexiona y conversa sobre las porciones bien seleccionadas de la Palabra de Dios. Ya sea que esté pensando iniciar equipos en su iglesia o necesite consolidar los grupos que ya existen, *Trabajando en equipo* le ayudará a lograr sus objetivos. Por medio de esta lectura y la implementación de su contenido logrará tener una iglesia o un ministerio con equipos ministeriales consagrados, comprometidos, competentes, coordinados, cooperando y en compañerismo. Le animo a tomar esta dosis de vitamina C que todo ministerio necesita.

Rev. Juan M. Vallejo, MA
Supervisor del Distrito Hispano del Suroeste
de La Iglesia Cuadrangular

Instructivo

Trabajando en equipo es una guía práctica para la formación y el desarrollo de equipos de trabajo saludables en los distintos ministerios de la iglesia.

Usted encontrará secciones explicativas, además de secciones de trabajo en grupo. Recomendamos que la lectura de este libro se haga en grupo, especialmente, con aquellas personas que están trabajando en el ministerio. El propósito primordial de este libro es que cada miembro del equipo en forma individual, al mismo tiempo que todo el equipo en su conjunto, reciban sanidad y experimenten salud mientras escuchan la voz de Dios.

Las secciones Lea • Reflexione • Converse tienen la intensión de que cada miembro del equipo, y el equipo en su conjunto, puedan discernir lo que Dios les esté hablando.

Lea

Después de leer una sección explicativa dedique tiempo en forma individual para leer los pasajes bíblicos y anotar aquello que Dios le esté diciendo.

Reflexione

Luego de anotar lo que Dios le esté diciendo, dedique tiempo para meditar y pensar al respecto, y escriba las decisiones que está tomando para alinearse con la voz de Dios.

INSTRUCTIVO

A continuación sugiero algunas preguntas que seguramente pueden ser de ayuda mientras está leyendo y reflexionando:

¿Qué dice la Escritura que es diferente a lo que yo pienso?

¿Qué tengo que cambiar al respecto para alinearme con la Palabra de Dios?

¿En qué actitudes, acciones, sentimientos, etc. necesito ayuda para cambiar porque solo no puedo?

¿Qué área o áreas de mi vida (emocional, espiritual o física) tengo que rendir al Señorío de Jesús para dejar que Él obre en mi vida?

Converse

Dedique un tiempo con el grupo para conversar sobre lo que Dios le está hablando a cada uno, y especialmente sobre lo que les está diciendo como equipo. Permita que estos momentos sean una oportunidad para que todos puedan expresarse y ser escuchados.

Oro que a través de la lectura de *Trabajando en equipo* las manos del alfarero forjen el diseño que Dios desea para su vida y el ministerio donde le sirve, de tal manera que Dios sea glorificado y se cumpla la Gran Comisión.

Daniel Prieto

Prefacio

Hemos sido llamados a servir en el ministerio junto a otros, y no solos. Muchos optan por servir a Dios de forma solitaria, por su cuenta, incluso algunos que son parte de un ministerio o grupo de trabajo en la iglesia prefieren no trabajar con los demás.

Escuché en cierta oportunidad a alguien decirle a su líder del ministerio de limpieza: «Dígame dónde quiere que limpie y déjeme solo, no ponga a nadie conmigo, porque yo trabajo mejor solo».

Otra persona me dijo en una ocasión: «Pastor, a mí me gusta hacer las tareas solo para no tener problemas con nadie y no complicarme la vida». Esto en un sentido puede ser cierto. Hacer las cosas solos puede llegar a evitar problemas con alguien, e incluso simplificar la realización de una tarea al no tener que ponerse de acuerdo con otros. Pero no es el modelo bíblico.

La Palabra de Dios es clara en enseñar que no es bueno que el hombre esté solo, y en mostrar que fuimos llamados a vivir y servir en comunidad. En la vida y el servicio junto a los demás se pueden corregir las fallas de cada uno, las necesidades individuales pueden ser satisfechas, y lo incompleto de cada uno encuentra su plenitud, para que Dios pueda manifestar su amor al mundo y el mundo crea.

Debemos dejar de pensar individualmente y empezar a pensar como comunidad. Debemos dejar de vivir y servir en el ministerio en base a propósitos y metas personales, y empezar a vivir y servir rindiendo los propósitos personales al propósito de toda la iglesia de Jesucristo sobre esta tierra.

La iglesia, como un grupo de creyentes organizados, y los equipos ministeriales de la iglesia, como un grupo de obreros organizados, trabajamos juntos para cumplir con la misión encomendada por el Señor Jesús: la misión de llevar las buenas noticias de salvación hasta lo último de la tierra, haciendo discípulos a todas las naciones.

La misión de la iglesia no se puede cumplir con un montón de creyentes siguiendo cada uno su visión personal y sirviendo a Dios cada uno por su lado. La misión de la iglesia solo se puede cumplir si los discípulos de Cristo aprendemos a ponernos de acuerdo y a organizamos para trabajar por un mismo propósito, que el evangelio sea predicado y Dios sea glorificado.

LEA • REFLEXIONE • CONVERSE

Luego de leer los siguientes pasajes de la Escritura, reflexione sobre la importancia y los beneficios de servir en el ministerio de la iglesia en equipo, no solo. Escriba lo que Dios le está hablando, así como las decisiones que está tomando.

Conversen en grupo acerca de lo que Dios les ha hablado a cada uno y sobre las decisiones a implementar.

Y perseveraban en la doctrina de los apóstoles, en la comunión unos con otros, en el partimiento del pan y en las oraciones [...] Y perseverando unánimes cada día en el templo, y partiendo el pan en las casas, comían juntos con alegría y sencillez de corazón, alabando a Dios, y teniendo favor con todo el pueblo. Y el Señor añadía cada día a la iglesia los que habían de ser salvos [...] Así que no había entre ellos ningún necesitado [...] y se repartía a cada uno según su necesidad. (Hechos 2.42, 46–47; 4.34–35)

Para afilar el hierro, la lima; para ser mejor persona, el amigo. (Proverbios 27.17, TLA)

Ni el ojo puede decir a la mano: No te necesito, ni tampoco la cabeza a los pies: No tengo necesidad de vosotros. Antes bien los miembros del cuerpo que parecen más débiles, son los más necesarios; y a aquellos del cuerpo que nos parecen menos dignos, a éstos vestimos más dignamente; y los que en nosotros son menos decorosos, se tratan con más decoro. Porque los que en nosotros son más decorosos, no tienen necesidad; pero Dios ordenó el cuerpo, dando más abundante honor al que le faltaba, para que no haya desavenencia en el cuerpo, sino que los miembros todos se preocupen los unos por los otros. De manera que si un miembro padece, todos los miembros se duelen con él, y si un miembro recibe honra, todos los miembros con él se gozan. Vosotros, pues, sois el cuerpo de Cristo, y miembros cada uno en particular. (1 Corintios 12.21–27)

Para que todos sean uno; como tú, oh Padre, en mí, y yo en ti, que también ellos sean uno en nosotros; para que el mundo crea que tú me enviaste. (Juan 17.21)

CAPÍTULO 1

La iglesia como equipo

¿Qué es un equipo?

Un equipo es un grupo de personas organizadas que trabajan juntas para la realización de una tarea o el logro de un objetivo. En el sentido más amplio de la expresión, es toda la iglesia local. Luego, en mayor o menor escala, dentro de la iglesia, un equipo puede adquirir la forma de una junta de consejeros, una mesa directiva, un comité de trabajo, etc. También se puede referir a un ministerio como tal: ministerio de alabanza; ministerio de jóvenes, ancianos, hombres, mujeres, etc.

Desde la perspectiva de una iglesia local y sus ministerios o áreas de servicio, decimos que trabajar en equipo es ser un CUERPO que hace MINISTERIO teniendo PROTAGONISMO en la Gran Comisión mientras operamos bajo la GRACIA de Dios.

Trabajar en equipo es ser un CUERPO

La iglesia no es ni más ni menos que el cuerpo de Cristo, vivo y saludable, sobre la tierra.

> El marido es cabeza de la mujer, así como Cristo es cabeza de la iglesia, la cual es su cuerpo, y él es su Salvador. (Efesios 5.23)

> Porque de la manera que en un cuerpo tenemos muchos miembros, pero no todos los miembros tienen la misma función, así nosotros, siendo muchos, somos un cuerpo en Cristo, y todos miembros los unos de los otros. (Romanos 12.4–5)

> Porque así como el cuerpo es uno, y tiene muchos miembros, pero todos los miembros del cuerpo, siendo muchos, son un solo cuerpo, así también Cristo. Porque por un solo Espíritu fuimos todos bautizados en un cuerpo, sean judíos o griegos, sean esclavos o libres; y a todos se nos dio a beber de un mismo Espíritu. Además, el cuerpo no es un solo miembro, sino muchos. (1 Corintios 12.12–14)

> De manera que si un miembro padece, todos los miembros se duelen con él, y si un miembro recibe honra, todos los miembros con él se gozan. Vosotros, pues, sois el cuerpo de Cristo, y miembros cada uno en particular. (1 Corintios 12.26–27)

> Crezcamos en todo en aquel que es la cabeza, esto es, Cristo, de quien todo el cuerpo, bien concertado y unido entre sí por todas las coyunturas que se ayudan mutuamente, según la actividad propia de cada miembro, recibe su crecimiento para ir edificándose en amor. (Efesios 4.15–16)

La iglesia es EL cuerpo de Cristo

Hablando de la relación de la iglesia con Cristo, el apóstol enseñó que el marido es cabeza de la mujer, como Cristo es cabeza de la iglesia, la cual es *su* cuerpo, y Él es su Salvador. Como iglesia somos la representación vicaria y visible de Cristo en la tierra. Lo que somos y hacemos como iglesia es lo que finalmente el mundo y la sociedad perciben de la persona y el ministerio de Cristo en relación con ellos. Hay lugares en el mundo donde la imagen que tienen de Cristo es la de alguien que los asesinó y destruyó a sus familias. ¿Por qué ocurre eso? Porque eso es lo que hizo la iglesia en el nombre de Cristo. ¿Qué piensan de Cristo nuestros vecinos, compañeros de escuela o de trabajo? Lo que ven en nosotros como creyentes, pero sobre todo lo que ven que la iglesia es y hace. Somos el cuerpo de Cristo, dejemos que Él, por ser la cabeza, empiece a dirigir su cuerpo y manifieste, a través de este, su carácter y sus obras, las cuales demuestran el amor de Dios para este mundo.

La iglesia es UN cuerpo en Cristo

Hablando de la relación de la iglesia consigo misma, el apóstol dice que en un cuerpo tenemos muchos miembros y así nosotros siendo muchos, somos un cuerpo en Cristo.

La iglesia es al mismo tiempo *un* cuerpo y *muchos* miembros. Eso habla de la convivencia en la iglesia del individualismo de sus miembros con su *única* identidad en Dios y la identidad que los miembros encuentran en el conjunto de la iglesia. Hay una clara distinción entre el sentido de individualismo y el sentido de conjunto. Por eso el apóstol dice: siendo *muchos* somos *uno*.

Todo «cuerpo» y todo «equipo» debe enfrentar dos dimensiones: la del individuo con toda su individualidad, y la del grupo con toda su complejidad.

La condición de individualidad del miembro siempre contribuye en mayor o menor proporción, y afecta para bien o para mal, a la realidad del conjunto del cuerpo/equipo. Cuando en el cuerpo/equipo tenemos individuos imponiendo su individualidad, entonces promovemos un cuerpo/equipo fraccionado e incompleto, y por lo tanto, enfermo e incapaz de lograr algo en conjunto. Por el contrario, cuando en el cuerpo/equipo tenemos individuos rindiendo su individualidad al conjunto, encontramos un cuerpo/equipo unido y completo, y en consecuencia, sano y capaz de lograrlo todo como conjunto.

También es cierto que la condición de conjunto del equipo siempre contribuye en mayor o menor proporción, y afecta para bien o para mal, a la realidad individual de cada miembro. Cuando en el cuerpo/equipo se ignora la individualidad e identidad de sus miembros, promovemos miembros resentidos e insatisfechos, y por consiguiente, enfermos e incapaces de dar lo mejor de ellos al cuerpo/equipo. En el caso contrario, cuando en el cuerpo/equipo se presta atención y se valora la individualidad e identidad de sus miembros, encontramos miembros felices y satisfechos, y en consecuencia, sanos y capaces de dar lo mejor de ellos al cuerpo/equipo.

Por eso el apóstol dice que si un miembro padece, todos los miembros se duelen con él, y si un miembro recibe honra, todos los miembros con él se gozan.

La iglesia es UN cuerpo que tiene que crecer por la actividad de sus MUCHOS miembros

La Nueva Traducción Viviente traduce Efesios 4.15–16 de la siguiente manera: «Cristo, quien es la cabeza de su cuerpo, que es la iglesia. Él hace que todo el cuerpo encaje perfectamente. Y cada parte, al cumplir con su función específica, ayuda a que las demás se desarrollen, y entonces todo el cuerpo crece y está sano y lleno de amor».

La actividad de los miembros del cuerpo/equipo es saludable para el crecimiento y la edificación del cuerpo cuando hay una correcta fusión entre la identidad individual de sus miembros y la identidad conjunta del cuerpo. La correcta fusión entre la individualidad y el conjunto forman un cuerpo/equipo único, y cuando ese cuerpo/equipo único tiene las condiciones necesarias como *un* cuerpo, *el* cuerpo de Cristo, se transforma en un Equipo de Dios que crece, está sano y tiene la capacidad de edificarse a sí mismo en amor. Esta correcta fusión es posible cuando se dan dos condiciones necesarias y elementales: primera, cuando Cristo es la cabeza del cuerpo/equipo, porque Él es quien hace que todo el cuerpo encaje perfectamente; segunda, cuando los miembros del cuerpo/equipo aprenden a estar bien concertados y unidos entre sí, porque esto hace que cada miembro cumpla con su función específica de tal manera que ayuda a que se desarrollen los demás.

Ser cuerpo es ser equipo

La iglesia como un cuerpo es lo que hoy llamamos «un equipo». Aunque el término *equipo* es mucho más limitado que la figura de un cuerpo, lo usaremos para conectar con la imagen más popular que hoy tenemos en relación con la vida y el trabajo en conjunto en la iglesia y sus ministerios.

**Equipo
Cuerpo**

LEA • REFLEXIONE • CONVERSE

Al volver a leer los pasajes de la Escritura ya mencionados, reflexione sobre la iglesia como el cuerpo de Cristo vicario y visible sobre la tierra, y como un cuerpo en funcionalidad. Escriba lo que Dios le está hablando, así como las decisiones que está tomando al verse como parte del cuerpo de Cristo.

Conversen en grupo sobre lo que Dios les ha hablado a cada uno y sobre las decisiones a implementar.

Trabajar en equipo es hacer MINISTERIO

Doy gracias al que me fortaleció, a Cristo Jesús nuestro Señor, porque me tuvo por fiel, poniéndome en el ministerio. (1 Timoteo 1.12)

Un equipo en la iglesia no se ve a sí mismo simplemente como un grupo de música o un comité o una organización que realiza una tarea y por lo tanto persigue ciertos objetivos, sino como algo más que eso, se ve a sí mismo como un ministerio, esto es: un grupo de personas organizadas que trabajan entre sí para servir a Dios.

La palabra *ministerio* en 1 Timoteo 1.12 es una traducción del término griego *diakonía*, que representa la idea de dar un servicio como sirviente: hacer los mandados, ser un ayudante, realizar los quehaceres domésticos.

Hacer ministerio es hacerle los mandados a Dios, es ser el sirviente de Dios en los quehaceres domésticos del día a día. Hacer ministerio tiene dos dimensiones, una vertical y otra horizontal. Vertical porque sirvo a Dios haciendo lo que me pide que haga. Y horizontal porque mi servicio a Dios tiene que ver con ir y servir al prójimo, siendo un instrumento de Él para que obre en otros.

En este sentido, por ejemplo, un grupo de alabanza no solamente hace un trabajo musical cuando la iglesia se congrega, sino que hace ministerio, porque al tocar su música y dirigir la alabanza lo hacen como un medio de Dios para obrar a través de ellos y llevar a quienes se han congregado a la presencia de Dios, donde pueden encontrarse con Él y recibir su toque.

La pregunta que debemos hacernos es: ¿por qué lo que realizamos no es solo trabajo, sino ministerio? La respuesta a esta interrogante es lo que hará la diferencia entre simplemente estar ocupados en algún trabajo necesario en la iglesia o estar colaborando con lo que Dios necesita que hagamos para que Él pueda ministrar a su pueblo y hacer lo que desea en la vida de sus hijos.

> ## LEA • REFLEXIONE • CONVERSE
>
> Al volver a leer 1 Timoteo 1.12, conversen en equipo sobre la tarea que realizan y de qué manera esa tarea es un servicio a Dios y su reino. Anoten sus reflexiones y conclusiones.

Trabajar en equipo es tener PROTAGONISMO

Con esto no quiero decir que yo haya logrado ya hacer todo lo que les he dicho, ni tampoco que yo sea perfecto. Pero sí puedo decir que sigo adelante, luchando por alcanzar esa meta, pues para eso me salvó Jesucristo. (Filipenses 3.12, TLA)

Un equipo en la iglesia busca estar en el centro de la misión de Dios para toda la iglesia, mientras cumple con la asignación que Él le ha dado para el ministerio, permitiendo que cada uno de sus miembros sirva en plena obediencia al llamado de Dios en sus vidas. Por lo tanto pretende:

- Que la iglesia cumpla con la Gran Comisión.
- Que el ministerio cumpla con su asignación.
- Que cada miembro cumpla con su llamado.

Un equipo en la iglesia es protagonista cuando cumple con este triple objetivo, porque entonces busca realizar la tarea de Dios y no la agenda de un individuo en particular. La tarea primaria de Dios que los ministerios cristianos realizamos y los objetivos que perseguimos se construyen procurando que aquellos que no conocen a Jesucristo lo conozcan como su Salvador y Señor, y que aquellos que ya lo conocen crezcan hasta alcanzar su estatura y plenitud.

Un equipo en la iglesia es protagonista porque busca la visión de Dios y no la visión de un individuo en particular. Lo que perseguimos en la vida debe ser el llamado de Dios para nuestro ministerio, debe ser lo que Dios quiere que persigamos. Debemos dejar de decir: «Tenemos una visión para el equipo», y comenzar preguntándole a Dios: «¿Qué ves en nosotros como equipo? ¿Qué quieres que logremos o alcancemos como ministerio? ¿Cómo nos necesitas en tu reino y en la Gran Comisión? ¿Cómo el llamado que cada uno tiene nos complementa para que, cumpliendo con la visión, cumplamos con la Gran Comisión?». Recién entonces, teniendo claro el plan de Dios que integra la Gran Comisión, la asignación y el llamado, podremos decir: «Tenemos una visión de Dios para el equipo».

Un equipo en la iglesia puede fracasar en su protagonismo por tres razones fundamentales:

1. Por no conocer la visión de Dios.
2. Por perseguir la visión humana y no la de Dios.
3. Por conocer la visión de Dios y nunca alcanzar el protagonismo de esta.

Un equipo en la iglesia es protagonista cuando a través de la tarea que realiza y mediante su influencia alcanza lo que Dios quiere que alcance, posee lo que Dios quiere que posea, trasciende hasta donde Dios quiere que trascienda, y llega tan lejos como Dios quiere que llegue, haciendo lo que Dios le pidió que hiciera, siendo protagonista de la obra de Dios y en la obra de Dios.

Ministerio
Protagonista

Equipo
Cuerpo

LEA • REFLEXIONE • CONVERSE

Al volver a leer Filipenses 3.12, conversen en equipo sobre cómo lo que hacen les da protagonismo en el reino de Dios y en la Gran Comisión, cómo lo que hacen es una tarea asignada por Dios al equipo, cómo lo que hacen les permite a cada uno vivir el llamado de Dios sobre sus vidas, y cómo se sienten respecto a lo logrado hasta ahora como equipo ministerial. Anoten sus reflexiones y conclusiones.

Trabajar en equipo es operar bajo la GRACIA

Pero por la gracia de Dios soy lo que soy; y su gracia no ha sido en vano para conmigo, antes he trabajado más que todos ellos; aunque no yo, sino la gracia de Dios conmigo. (1 Corintios 15.10)

Para dejar de ser un equipo con una visión solamente y llegar a ser un equipo de ministerio, protagonista de esa visión de Dios, se necesita reconocer que si somos algo y si algo logramos, es simplemente por la gracia de Dios en nosotros y nuestro ministerio.

Un equipo de ministerio va más allá de trabajar simplemente para realizar una tarea o cumplir unos objetivos, sino que trabaja para que la gracia de Dios no sea en vano en ellos.

Nada de lo que somos o hacemos tiene verdadero significado si no se ve a través del lente de la gracia de Dios. Este es un aspecto relacionado directamente con la soberanía de Dios; es la acción intencional de un Dios todopoderoso que decide actuar a nuestro favor, a favor del ser humano; es Dios actuando aunque no lo merezcamos. La gracia es un favor inmerecido. Es más que un regalo, aunque algunas versiones traducen la palabra como regalo; es el favor inmerecido de Dios sobre nuestras vidas.

Sánchez Escobar interpreta esta gracia de Dios como el origen de nuestras posibilidades cuando la define como «la fuente de nuestro potencial, la que despierta en nosotros dones y talentos que sobrepasan nuestra capacidad humana».[1] Y afirma: «Su bálsamo curativo nos hace superar las limitaciones mentales, emocionales y espirituales. Este poder que mueve montañas nos abre nuevas vías de realización en la confusa jungla de nuestras vidas».[2] La gracia de Dios es ese poder que obra a favor nuestro y permite que nosotros podamos realizar todo lo que hay que realizar.

Ministerio Protagonista

Equipo Cuerpo

Operando bajo la gracia de Dios

LEA • REFLEXIONE • CONVERSE

Al volver a leer 1 Corintios 15.10, conversen en equipo sobre cómo la gracia de Dios ha intervenido en el trabajo que han realizado, y anoten sus reflexiones y conclusiones. Especialmente escriban situaciones puntuales de la manifestación de la gracia de Dios en el camino que han recorrido como equipo ministerial.

Las seis C en la iglesia como un equipo y en los equipos de la iglesia

El que desea tener sin trabajar, al final no consigue nada; ¡trabaja, y todo lo tendrás! (Proverbios 13.4, TLA)

Si trabajar en equipo es ser un *cuerpo* que hace *ministerio* teniendo *protagonismo* en la Gran Comisión mientras operamos bajo la *gracia* de

Dios, lograr esta dimensión de trabajo en equipo en la iglesia y los ministerios requiere que estén presenten y activas las seis C. Estas son los seis *catalizadores* que transforman a un grupo de personas que trabajan juntas en la iglesia en un equipo de ministerio. Son las seis *virtudes* que reflejan nuestra esencia como cuerpo, son los seis *indicadores* que revelan quiénes somos como hijos de Dios, y son los seis *elementos* que además traen salud a la iglesia y sus ministerios.

Las seis C son:

- consagración
- compromiso
- competencia
- coordinación
- cooperación
- compañerismo

La consagración es donde la salud y el servicio de todo equipo en el ministerio comienzan. Es la entrega a Dios antes que a los demás y antes que al trabajo o la tarea a realizar. Es vivir y obrar en la **santidad** que con la conducta privada y pública honra a Dios.

El compromiso es donde la salud y el servicio de todo equipo comienzan a expresarse en lo práctico. Es la entrega a la visión y la tarea asignada, asumiendo la responsabilidad de ambas cosas. Es vivir y obrar con responsabilidad. Es la **fidelidad** que atiende y multiplica lo recibido de Dios.

La competencia es donde la salud y el servicio de todo equipo comienzan a expresar su capacidad para cumplir con la visión y la tarea asignada. Es la entrega a la visión y la tarea asignada, asumiendo la responsabilidad de hacerlo bien. Es vivir y obrar con capacidad. Es la **excelencia** que combina corazón y talento para mostrar la gloria de Dios.

La coordinación es donde la salud y el servicio de todo equipo comienzan a expresar su capacidad de trabajar junto a los demás. Es la entrega a la visión y la tarea asignada asumiendo la responsabilidad de hacerlo en armonía. Es vivir y obrar en orden. Es la **organización** «corporal» (institucional) y espiritual que trae el orden de Dios.

La **cooperación** es donde la salud y el servicio de todo equipo comienzan a expresar su disposición de trabajar para los demás. Es la entrega a la visión y la tarea asignada, asumiendo la responsabilidad de toda la visión y la tarea de todos. Es vivir y obrar con ayuda. Es la **unidad** que trae y manifiesta la ayuda de Dios.

El **compañerismo** es donde la salud y el servicio de todo equipo comienzan a expresar su disponibilidad de trabajar a favor de otros. Es la entrega a los demás asumiendo la responsabilidad de velar por su bienestar y desarrollo. Es vivir y obrar en comunidad. Es la **amistad** que activa el amor protector de Dios.

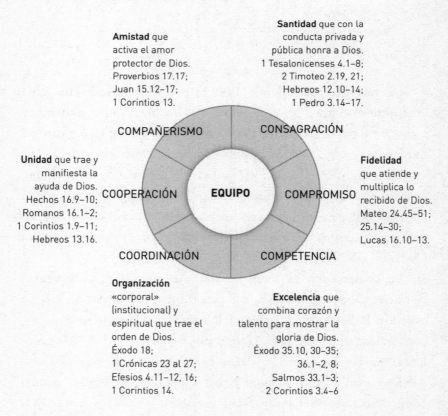

Amistad que activa el amor protector de Dios. Proverbios 17.17; Juan 15.12–17; 1 Corintios 13.

Santidad que con la conducta privada y pública honra a Dios. 1 Tesalonicenses 4.1–8; 2 Timoteo 2.19, 21; Hebreos 12.10–14; 1 Pedro 3.14–17.

COMPAÑERISMO

CONSAGRACIÓN

Unidad que trae y manifiesta la ayuda de Dios. Hechos 16.9–10; Romanos 16.1–2; 1 Corintios 1.9–11; Hebreos 13.16.

COOPERACIÓN

EQUIPO

COMPROMISO

Fidelidad que atiende y multiplica lo recibido de Dios. Mateo 24.45–51; 25.14–30; Lucas 16.10–13.

COORDINACIÓN

COMPETENCIA

Organización «corporal» (institucional) y espiritual que trae el orden de Dios. Éxodo 18; 1 Crónicas 23 al 27; Efesios 4.11–12, 16; 1 Corintios 14.

Excelencia que combina corazón y talento para mostrar la gloria de Dios. Éxodo 35.10, 30–35; 36.1–2, 8; Salmos 33.1–3; 2 Corintios 3.4–6

El equipo y su consagración

VIVIR Y OBRAR EN SANTIDAD

Pero el fundamento de Dios está firme, teniendo este sello: Conoce el Señor a los que son suyos; y: Apártese de iniquidad todo aquel que invoca el nombre de Cristo [...] Así que, si alguno se limpia de estas cosas, será instrumento para honra, santificado, útil al Señor, y dispuesto para toda buena obra.

—2 Timoteo 2.19, 21

La verdad es que Cristo aceptó la muerte demasiado en serio para que tú tomes la vida demasiado en broma.

—Jacinto María Garrastachu[1]

La CONSAGRACIÓN le da al equipo el carácter de Dios. *Es dedicarse y separarse para Dios ofreciéndole la vida en santidad.* En la vida cristiana y el ministerio todo debe comenzar con la consagración. El apóstol Pablo dijo, hablando sobre las iglesias de la región de Macedonia: «Primero se entregaron a sí mismos al Señor, y después a nosotros. De este modo, hicieron lo que Dios esperaba de ellos» (2 Corintios 8.5, TLA).

Esa es la mejor descripción de la consagración como la virtud primaria de un equipo de Dios, entregarse primero a Dios y después a los demás, de tal manera que queden espiritualmente habilitados para hacer lo que Dios espera de ellos.

Consagración para el cristiano es entrega total a Dios, es dedicarse y separarse para Dios ofreciéndole la vida en santidad. Es rendirse a Dios, es amar «al Señor tu Dios con todo tu corazón, y con toda tu alma, y con toda tu mente» (Mateo 22.37), de tal manera que la entrega a Dios sea incondicional, viviendo un estilo de vida que le agrade y brindando un servicio que lo glorifica.

El apóstol Pablo le escribió a Timoteo: «Así que, si alguno se limpia de estas cosas, será instrumento para honra, santificado, útil al Señor, y dispuesto para toda buena obra» (2 Timoteo 2.21).

La consagración hace de la persona que sirve a Dios:

- Un instrumento para honra.
- Alguien útil al Señor.
- Alguien dispuesto para toda buena obra.

LEA • REFLEXIONE • CONVERSE

Al leer los siguientes pasajes de la Escritura, reflexione sobre su conducta privada y pública. Escriba lo que Dios le está hablando, así como las decisiones que está tomando para honrar a Dios con sus acciones.

Conversen en grupo acerca de lo que Dios les ha hablado a cada uno y sobre las decisiones a implementar.

Sin embargo, la verdad de Dios se mantiene firme como una piedra de cimiento con la siguiente inscripción: «El Señor conoce a los que son suyos», y «Todos los que pertenecen al Señor deben apartarse de la maldad». En una casa de ricos, algunos utensilios son de oro y plata, y otros son de madera y barro. Los utensilios costosos se usan en ocasiones especiales, mientras que los baratos son para el uso diario. Si te mantienes puro, serás un utensilio especial para uso honorable. Tu vida será limpia, y estarás listo para que el Maestro te use en toda buena obra. (2 Timoteo 2.19–21, NTV)

Finalmente, amados hermanos, les rogamos en el nombre del Señor Jesús que vivan de una manera que le agrada a Dios, tal como les enseñamos. Ustedes ya viven de esta manera, y los animamos a que lo sigan haciendo aún más. Pues recuerdan lo que les enseñamos por la autoridad del Señor Jesús. La voluntad de Dios es que sean santos, entonces aléjense de todo pecado sexual. Como resultado cada uno controlará su propio cuerpo y vivirá en santidad y honor, no en pasiones sensuales como viven los paganos, que no conocen a Dios ni sus caminos. Nunca hagan daño ni engañen a otro creyente en este asunto, teniendo relaciones sexuales con su esposa, porque el Señor toma venganza de todos esos pecados, como ya les hemos advertido solemnemente. Dios nos ha llamado a vivir vidas santas, no impuras. Por lo tanto, todo el que se niega a vivir de acuerdo con estas reglas no desobedece enseñanzas humanas sino que rechaza a Dios, quien les da el Espíritu Santo. (1 Tesalonicenses 4.1–8, NTV)

Pues nuestros padres terrenales nos disciplinaron durante algunos años e hicieron lo mejor que pudieron, pero la disciplina de Dios siempre es buena para nosotros, a fin de que participemos de su santidad. Ninguna disciplina resulta agradable a la hora de recibirla. Al contrario, ¡es dolorosa! Pero después, produce la apacible cosecha de una vida recta para los que han sido entrenados por ella. Por lo tanto, renueven las fuerzas de sus manos cansadas y fortalezcan sus rodillas debilitadas. Tracen un camino recto para sus pies, a fin de que los débiles y los cojos no caigan, sino que se fortalezcan. Esfuércense por vivir en paz con todos y procuren llevar una vida santa, porque los que no son santos no verán al Señor. (Hebreos 12.10–14, NTV)

Pero, aun si sufren por hacer lo correcto, Dios va a recompensarlos. Así que no se preocupen ni tengan miedo a las amenazas. En cambio, adoren a Cristo como el Señor de su vida. Si alguien les pregunta acerca de la esperanza que tienen como creyentes, estén siempre preparados para dar una explicación; pero háganlo con humildad y respeto. Mantengan siempre limpia la conciencia. Entonces, si la gente habla en contra de ustedes será avergonzada al ver la vida recta que llevan porque pertenecen a Cristo. Recuerden que es mejor sufrir por hacer el bien —si eso es lo que Dios quiere— ¡que sufrir por hacer el mal! (1 Pedro 3.14–17, NTV)

Agradar a Dios

La consagración que procuramos es la santidad que se manifiesta en la conducta privada y pública que agrada y honra a Dios. Podemos aprender sobre esto en el siguiente relato de la Escritura.

Queridos hermanos en Cristo, tengan presente que, cuando nuestros antepasados cruzaron el Mar de los Juncos, Dios los cubrió a todos ellos con una nube. De ese modo, todos fueron bautizados en la nube y en el mar, y así quedaron unidos a Moisés como seguidores suyos. Todos ellos comieron el alimento espiritual que Dios les ofreció. Cristo los acompañaba, y era la roca espiritual que les dio agua para calmar su sed. De esa agua espiritual bebieron todos. Sin embargo, la mayoría de esa gente no agradó a Dios; por eso murieron y sus cuerpos quedaron tendidos en el desierto. De esto que le sucedió a nuestro pueblo, nosotros tenemos que aprender nuestra lección. No debemos desear hacer lo malo como ellos. Ni debemos adorar a los ídolos, como hicieron algunos. Así dice la Biblia: «La gente se sentó a comer y beber, y luego se puso a bailar en honor de los ídolos». Tampoco debemos tener relaciones sexuales prohibidas, como lo hicieron algunos de ellos. ¡Por eso, en un solo día murieron veintitrés mil! No tratemos de ver cuánto podemos pecar sin que Cristo nos castigue. Algunos del pueblo lo hicieron, y murieron mordidos por serpientes. Tampoco debemos quejarnos, como algunos de ellos lo hicieron. Por eso el ángel de la muerte los mató. Todo eso le sucedió a nuestro pueblo para darnos una lección. Y quedó escrito en la Biblia, para que nos sirva de enseñanza a los que vivimos en estos últimos tiempos. (1 Corintios 10.1–11, TLA)

En esta exégesis de Pablo sobre la jornada del pueblo de Israel en el desierto, el apóstol concluye con la triste afirmación de que «la mayoría de esa gente no agradó a Dios; por eso murieron y sus cuerpos quedaron tendidos en el desierto». Además señala acertadamente que «Dios los cubrió a todos ellos con una nube [...] todos fueron bautizados en la nube y en el mar, y así quedaron unidos a Moisés como seguidores suyos. Todos ellos comieron el alimento espiritual que Dios les ofreció. Cristo los acompañaba, y era la roca espiritual que les dio agua para calmar su sed. De esa agua espiritual bebieron todos». Ahora bien, es importante notar que aunque todos experimentaron lo mismo, se dice que «sin embargo la mayoría no agradó a Dios». Es ese «sin embargo» el que sigue definiendo la vida de aquellos en la iglesia que escuchan los mismos mensajes, ven los mismos milagros, leen la misma Biblia, reciben los mismos consejos, sirven en los mismos ministerios, reciben la misma enseña que toda la congregación, sin embargo, no agradan a Dios con sus vidas. Tal vez lo que agrava esta afirmación cuando lo miramos desde la perspectiva del grupo es que Pablo habla de «la mayoría». ¿Será posible que la mayoría en la iglesia no agrade a Dios con sus vidas? ¿La proporción será diferente en este tiempo?

En este análisis sobre lo que pasó con el pueblo de Israel en el desierto encontramos que el Espíritu Santo nos da una advertencia cuando nos dice: «Todo eso le sucedió a nuestro pueblo para darnos una lección. Y quedó escrito en la Biblia, para que nos sirva de enseñanza a los que vivimos en estos últimos tiempos». ¿Cuál es esa lección? Es la que nos dice que una vida que agrada o desagrada a Dios es el producto de un proceso espiritual interno y no de una exposición o imposición externa. A lo que nos exponemos cada semana en la iglesia, o lo que nos imponen cada semana como cristianos, no es lo que va a liberar conductas privadas o públicas que agradan a Dios. Quizás en el esfuerzo de buscar que la mayoría de los que asisten a la iglesia agraden a Dios hemos organizado más actividades y reuniones para exponer a la gente en mayor proporción a las cosas de Dios, y quizás también por eso hemos confundido muchas veces la santidad con el legalismo que les impone casi a la fuerza conductas y hasta formas de vestir «cristianas». No lo sé ni lo puedo afirmar, por eso digo quizás. Pero lo que sí puedo afirmar con seguridad es que la vida de santidad que agrada a Dios es el resultado directo de un proceso espiritual interno que tiene sus orígenes en los deseos del corazón de cada persona y que se manifiesta en sus comportamientos externos y visibles.

Cuando se leen los acontecimientos del pueblo en el desierto y la forma en que este se comportó y reaccionó en esos momentos, es revelador hacer la lectura en forma secuencial y no aislada. En la secuencia de estos acontecimientos se encuentra un proceso espiritual interno que determina cómo se vive, si agradando o desagradando a Dios.

En el caso del pueblo de Israel en el desierto, ellos desearon hacer lo malo, por esa razón se inclinaron a los ídolos en adoración, y rindiendo sus corazones a esos ídolos hicieron lo permitido por los ídolos, pero prohibido por Dios. La repetición de esas acciones cultivó una costumbre que provocó a Dios. Eso hizo que Dios en su justicia los castigara y como consecuencia el pueblo respondiera quejándose en una actitud espiritual de desconformidad con el accionar divino, teniendo como resultado la paga de su pecado, que fue la muerte. Y aunque en el relato bíblico vemos como mueren miles de ellos físicamente, lo que encontramos es una dimensión de la muerte espiritual en el pueblo que hacía que sus deseos siguieran siendo malos, y que volviera a comenzar un ciclo espiritual interno que tenía como resultado el desagrado de Dios sobre la forma en que vivían.

El pueblo de Israel en el desierto

No debemos desear hacer lo malo como ellos.

Por eso murieron y sus cuerpos quedaron tendidos en el desierto [...] ¡Por eso, en un solo día murieron veintitrés mil! [...] Por eso el ángel de la muerte los mató.

DESEO

CONSECUENCIA

INCLINACIÓN

PROCESO ESPIRITUAL INTERNO

Ni debemos adorar a los ídolos, como hicieron algunos.

ACTITUD

ACCIONES

La gente se sentó a comer y beber, y luego se puso a bailar en honor a los ídolos. Tampoco debemos tener relaciones sexuales prohibidas, como lo hicieron algunos de ellos.

Tampoco debemos quejarnos, como algunos de ellos lo hicieron.

COSTUMBRES

No tratemos de ver cuánto podemos pecar sin que Cristo nos castigue. Algunos del pueblo lo hicieron.

A continuación se ve este proceso espiritual interno en aquellos que desagradan o agradan a Dios.

Si decimos que la consagración es una vida de santidad que agrada a Dios con la conducta privada o pública, entonces todo aquel que quiere agradar a Dios lo primero que tiene que hacer es poner los deseos de su corazón en sintonía con Dios antes de intentar cambiar su conducta, porque es en el corazón donde está el origen de la clase

La gente que desagrada a Dios

Desean lo MALO.
DESEO

CONSECUENCIA

INCLINACIÓN

**PROCESO
ESPIRITUAL
INTERNO**

ACTITUD

ACCIONES

COSTUMBRES

Reciben como castigo la muerte espiritual, emocional y física.

Se inclinan en adoración (rendición) a los ídolos.

Su actitud espiritual es de desconformidad ante Dios.

Sus acciones son prohibidas y dan honor a los ídolos.

Sus costumbres muestran rebeldía ante Dios.

La gente que agrada a Dios

Desean lo BUENO.
DESEO

CONSECUENCIA

INCLINACIÓN

**PROCESO
ESPIRITUAL
INTERNO**

ACTITUD

ACCIONES

COSTUMBRES

Reciben como recompensa la vida espiritual, emocional y física.

Se inclinan en adoración (rendición) a DIOS.

Su actitud espiritual es de agradecimiento a DIOS.

Sus acciones son permitidas y dan honor a DIOS.

Sus costumbres muestran sumisión a DIOS.

de vida que se lleva. Los deseos del corazón determinan a qué o a quién se adora, dándole autoridad sobre la mente y la voluntad. Lo que gobierna sobre la mente y la voluntad es lo que da el permiso para practicar ciertas acciones. Esas acciones, que al principio son acontecimientos aislados, por su práctica repetitiva, y porque no se experimentan inicialmente sus verdaderas consecuencias, construyen una costumbre que provoca la respuesta de Dios. La respuesta de Dios en su justicia tiene como reacción una actitud espiritual del pueblo frente al accionar divino. Esa actitud espiritual tiene una consecuencia, la muerte o la vida.

Ahora bien, en orden de buscar restauración, si alguien está viviendo una vida que desagrada a Dios, y sus costumbres están provocando la disciplina de Dios, que es justo, si en lugar de responder con una actitud espiritual de desconformidad, quejándose, responde con una actitud espiritual de arrepentimiento, entonces le abre la puerta a la acción de un Dios que, además de ser justo, es amor y actúa con misericordia dando una nueva oportunidad, cortando así el proceso espiritual interno que tiene como consecuencia final la muerte e iniciando un nuevo proceso espiritual interno que tendrá como resultado la vida. Cuando eso pasa, lo primero que se necesita hacer es poner en orden con Dios los deseos del corazón.

Los deseos del corazón

El apóstol Pablo dice que «no debemos desear hacer lo malo como ellos». La versión Reina-Valera traduce esta expresión de la siguiente manera: «para que no codiciemos cosas malas, como ellos codiciaron». La palabra griega usada por Pablo que se traduce como desear o codiciar es *epidsumhtés* y proviene de la raíz griega *epidsuméo*. Esta representa la idea de «poner el corazón sobre algo con mucha pasión y ardor, anhelando con derecho o no lo que se desea».[2] Se usa específicamente con relación a lo prohibido. En la expresión «para que no codiciemos cosas malas» la palabra «codiciemos» se traduce del verbo en presente infinitivo *jeinai,* que significa «existir, hacer, darse a conocer», y que es usado solo cuando resulta enfático.[3]

Es decir, lo que Pablo estaba diciendo del pueblo de Israel es que eran personas que existían y se daban a conocer por poner el corazón con mucha pasión y ardor en lo prohibido por Dios. Esa era la fuerza de los deseos que el pueblo de Israel tenía por lo malo.

Cuando Caín se enoja porque el Señor no mira con agrado su ofrenda, el relato bíblico nos dice que Dios se le acercó para preguntarle por qué estaba tan enojado, y le dio al mismo tiempo una advertencia: «Si bien hicieres, ¿no serás enaltecido? y si no hicieres bien, el pecado está a la puerta; con todo esto, a ti será su *deseo,* y tú te enseñorearás de él» (Génesis 4.7, énfasis añadido).

La palabra que Dios usa y que se traduce como deseo en hebreo es *teshucá,* que significa «estirarse hacia, anhelo, contentamiento».[4] Esta expresión hebrea deriva de la raíz primitiva *shuc,* que contiene la idea de «correr detrás de o hacia, desbordarse, rebosar».[5] Es decir, cuando Dios le dice a Caín «el pecado está a la puerta; con todo esto, a ti será su deseo», lo que le está diciendo es: «Caín, puedo ver que la idea de matar a tu hermano está rondando tu corazón y que estás inclinando tus pensamientos fuertemente en esa dirección, al punto en que ya lo estás anhelando con tal fuerza que cuando piensas en hacer eso te produce cierto placer. Puedo ver tu corazón corriendo detrás de esa idea». Esa era la fuerza de un deseo malo en el corazón de Caín. Ahora bien, es importante resaltar que Dios también le dice a Caín que él podía enseñorearse de ese deseo pecaminoso, es decir, tenía la capacidad de dominarlo. Todos conocemos el final de esta historia, lamentablemente no lo hizo, dejando que ese pecado que estaba llamando a la puerta de su corazón entrara y lo convirtiera en el primer asesino en la historia de la humanidad.

Cuando el Señor Jesús confronta a los religiosos de su época les dice: «Vosotros sois de vuestro padre el diablo, y los *deseos* [*epidsumía*] de vuestro padre queréis hacer. Él ha sido homicida desde el principio, y no ha permanecido en la verdad, porque no hay verdad en él.

Cuando habla mentira, de suyo habla; porque es mentiroso, y padre de mentira» (Juan 8.44, énfasis añadido).

A través del Nuevo Testamento encontramos advertencias e instrucciones sobre qué hacer con los deseos de la carne, a los cuales también se les cataloga de «engañosos, malos, mundanos, malvados, propios y de los ojos». Tanto Jesús como los escritores del Nuevo Testamento usaron la palabra *epidsumía,* que proviene de la misma raíz griega *epidsuméo.*

LEA • REFLEXIONE • CONVERSE

Al leer los siguientes pasajes de la Escritura, hágalo en su contexto bíblico más amplio, y reflexione sobre los deseos de su corazón y las acciones y costumbres que esos deseos han estado produciendo en su conducta privada y pública y en su relación con los demás. Escriba lo que Dios le está hablando, así como las decisiones que está tomando para limpiar su corazón de los deseos malos y carnales, y alinearlo con el corazón de Dios teniendo deseos buenos y espirituales.

Conversen en grupo sobre lo que Dios les ha hablado a cada uno y sobre las decisiones a implementar.

Andemos como de día, honestamente; no en glotonerías y borracheras, no en lujurias y lascivias, no en contiendas y envidia, sino vestíos del Señor Jesucristo, y no proveáis para los deseos [*epidsumía*] de la carne. (Romanos 13.13)

Estad, pues, firmes en la libertad con que Cristo nos hizo libres, y no estéis otra vez sujetos al yugo de esclavitud [...] Digo, pues: Andad en el Espíritu, y no satisfagáis los deseos [*epidsumía*] de la carne. Porque el deseo [*epidsumía*] de la carne es contra el Espíritu, y el del Espíritu es contra la carne; y éstos se oponen entre sí, para que no hagáis lo que quisiereis. Pero si sois guiados por el Espíritu, no estáis bajo la ley. Y manifiestas son las obras de la carne, que son: adulterio, fornicación, inmundicia, lascivia, idolatría, hechicerías, enemistades, pleitos, celos, iras, contiendas, disensiones, herejías, envidias, homicidios, borracheras, orgías, y cosas semejantes a estas; acerca de las cuales os amonesto, como ya os lo he dicho antes, que los que practican tales cosas no heredarán el reino de Dios. Mas el fruto del Espíritu es amor, gozo, paz, paciencia, benignidad, bondad, fe, mansedumbre, templanza; contra tales cosas no hay ley. Pero los que son de Cristo han crucificado la carne con sus pasiones y deseos. Si vivimos por el Espíritu, andemos también por el Espíritu. No nos hagamos vanagloriosos, irritándonos unos a otros, envidiándonos unos a otros. (Gálatas 5.1, 16–26)

Y él os dio vida a vosotros, cuando estabais muertos en vuestros delitos y pecados, en los cuales anduvisteis en otro tiempo, siguiendo la corriente de este mundo, conforme al príncipe de la potestad del aire, el espíritu que ahora opera en los hijos de desobediencia, entre los cuales también todos nosotros vivimos en otro tiempo en los deseos [*epidsumía*] de nuestra carne, haciendo la voluntad de la carne y de los pensamientos, y éramos por naturaleza hijos de ira, lo mismo que los demás. Pero Dios, que es rico en misericordia, por su gran amor con que nos amó, aun estando nosotros muertos en pecados, nos dio vida juntamente con Cristo (por gracia sois salvos). (Efesios 2.1–5)

Mas vosotros no habéis aprendido así a Cristo, si en verdad le habéis oído, y habéis sido por él enseñados, conforme a la verdad que está en Jesús. En cuanto a la pasada manera de vivir, despojaos del viejo hombre, que está viciado conforme a los deseos [*epidsumía*] engañosos, y renovaos en el espíritu de vuestra mente, y vestíos del nuevo hombre, creado según Dios en la justicia y santidad de la verdad. (Efesios 4.20–24)

Haced morir, pues, lo terrenal en vosotros: fornicación, impureza, pasiones desordenadas, malos deseos [*epidsumía*] y avaricia, que es idolatría; cosas por las cuales la ira de Dios viene sobre los hijos de desobediencia, en las cuales vosotros también anduvisteis en otro tiempo cuando vivíais en ellas. (Colosenses 3.5–7)

Porque la gracia de Dios se ha manifestado para salvación a todos los hombres, enseñándonos que, renunciando a la impiedad y a los deseos [*epidsumía*] mundanos, vivamos en este siglo sobria, justa y piadosamente, aguardando la esperanza bienaventurada y la manifestación gloriosa de nuestro gran Dios y Salvador Jesucristo, quien se dio a sí mismo por nosotros para redimirnos de toda iniquidad y purificar para sí un pueblo propio, celoso de buenas obras. (Tito 2.11–14)

Por tanto, ceñid los lomos de vuestro entendimiento, sed sobrios, y esperad por completo en la gracia que se os traerá cuando

Jesucristo sea manifestado; como hijos obedientes, no os conforméis a los deseos [*epidsumía*] que antes teníais estando en vuestra ignorancia; sino, como aquel que os llamó es santo, sed también vosotros santos en toda vuestra manera de vivir; porque escrito está: Sed santos, porque yo soy santo. (1 Pedro 1.13–16)

Amados, yo os ruego como a extranjeros y peregrinos, que os abstengáis de los deseos [*epidsumía*] carnales que batallan contra el alma, manteniendo buena vuestra manera de vivir entre los gentiles; para que en lo que murmuran de vosotros como de malhechores, glorifiquen a Dios en el día de la visitación, al considerar vuestras buenas obras. (1 Pedro 2.11–12)

Porque todo lo que hay en el mundo, los deseos [*epidsumía*] de la carne, los deseos [*epidsumía*] de los ojos, y la vanagloria de la vida, no proviene del Padre, sino del mundo. Y el mundo pasa, y sus deseos [*epidsumía*]; pero el que hace la voluntad de Dios permanece para siempre. (1 Juan 2.16–17)

Estos son murmuradores, querellosos, que andan según sus propios deseos [*epidsumía*], cuya boca habla cosas infladas, adulando a las personas para sacar provecho [...] En el postrer tiempo habrá burladores, que andarán según sus malvados deseos [*epidsumía*]. (Judas 1.16, 18)

Rendirse a Dios

Parafraseando el *Diccionario de la lengua española*, la palabra *rendirse* se define como «sujetarse, someterse al dominio de alguien; darse, entregarse; darle a alguien lo que le toca, o restituirle aquello de que se le había desposeído; hacer actos de sumisión y respeto; hacer pasar algo al cuidado o vigilancia de otra persona; tener que admitir o aceptar algo».[6]

Cuando el rey Ezequías invitó a todo el pueblo a celebrar nuevamente la pascua en Jerusalén, en su edicto les dice:

No sean como sus antepasados y parientes que abandonaron al SEÑOR, Dios de sus antepasados, y se convirtieron en objeto de desdén, como ustedes mismos pueden ver. No sean tercos como fueron ellos, sino sométanse [*natán* y *yad*] al SEÑOR y vengan a su templo que él mismo separó como santo para siempre. Adoren al SEÑOR su Dios, para que su ira feroz se aleje de ustedes. (2 Crónicas 30.7–8, NTV)

La palabra traducida como *sométanse* viene de los términos hebreos *natán* y *yad*. *Natán* significa «dar», teniendo el sentido de dedicar, ofrecer y confiar a través del acto de humillarse.[7] Y *yad* significa «mano abierta», indicando que hay una entrega y sometimiento para ser dominados.[8] Así que cuando el rey le dice al pueblo sométanse, lo que les está pidiendo es que vengan a ofrecerse ellos mismos a Dios en humillación con las manos abiertas, sometiéndose a su dominio.

La consagración

Comienza con rendirnos a Dios y resistir al diablo, y se manifiesta en lo cotidiano al practicar las disciplinas espirituales al mismo tiempo que nos abstenemos de todas aquellas prácticas o actitudes que no contribuyen a la santidad ni agradan a Dios.

Cuando Santiago le dice a la iglesia: «Someteos, pues, a Dios» (Santiago 4.7), usa el griego *jupotásso* que significa «subordinar, venir bajo, sujetarse, someterse, estar sumiso»;[9] es decir, Santiago está hablando de disponer todo de manera que se quede bajo el dominio del otro, entendiendo la condición inferior al considerar la condición del otro como superior, en este caso de Dios. Además, Santiago agrega que este sometimiento a Dios debe realizarse a través de un acto de humillación que está contenido en la acción de acercarse a Dios en una visible manifestación de rendición y lealtad que hará que Él se acerque a ellos y los levante con honor.

Acérquense a Dios, y Dios se acercará a ustedes. Lávense las manos, pecadores; purifiquen su corazón, porque su lealtad está dividida entre Dios y el mundo. Derramen lágrimas por lo que han hecho. Que haya lamento y profundo dolor. Que haya llanto en lugar de risa y tristeza en lugar de alegría. Humíllense delante del Señor, y él los levantará con honor. (Santiago 4.8–10)

La consagración nunca comienza con resistir al diablo, siempre comienza con rendirse a Dios. En la acción de sujetarnos, someternos y entregarnos a Dios, restituyéndole el señorío y confiriéndole el cuidado de nuestra vida, encontraremos las fuerzas para resistir al diablo. Cometemos un grave error cuando queremos consagrarnos resistiendo al diablo primero para luego rendirnos a Dios. Rendirnos a Dios es darle más de nosotros mismos para que Él nos dé más de su ser. Cuanto más le doy a Dios de mí mismo, más me dará Dios de su carácter, autoridad y poder, con los cuales puedo resistir el carácter, la autoridad y el poder de Satanás.

CAPÍTULO 2: El equipo y su consagración

LEA • REFLEXIONE • CONVERSE

Al leer los siguientes pasajes de la Escritura, reflexione sobre su conducta privada y pública. Escriba lo que Dios le está hablando y qué decisiones está tomando para rendirse a Él. Se volverá a reflexionar sobre Santiago 4.1–10 y 1 Pedro 5.5–9 más adelante, por ahora preste atención a lo que Santiago y Pedro hablan acerca de rendirse a Dios.

Conversen en grupo sobre lo que Dios les ha hablado a cada uno y sobre las decisiones a implementar.

En aquel tiempo los discípulos vinieron a Jesús, diciendo: ¿Quién es el mayor en el reino de los cielos? Y llamando Jesús a un niño, lo puso en medio de ellos, y dijo: De cierto os digo, que si no os volvéis y os hacéis como niños, no entraréis en el reino de los cielos. Así que, cualquiera que se humille [*jupotásso*] como este niño, ése es el mayor en el reino de los cielos. (Mateo 18.1–4)

Haya, pues, en vosotros este sentir que hubo también en Cristo Jesús, el cual, siendo en forma de Dios, no estimó el ser igual a Dios como cosa a que aferrarse, sino que se despojó a sí mismo, tomando forma de siervo, hecho semejante a los hombres; y estando en la condición de hombre, se humilló [*jupotásso*] a sí mismo, haciéndose obediente hasta la muerte, y muerte de cruz. Por lo cual Dios también le exaltó hasta lo sumo, y le dio un nombre que es sobre todo nombre. (Filipenses 2.5–9)

¿Qué es lo que causa las disputas y las peleas entre ustedes? ¿Acaso no surgen de los malos deseos que combaten en su interior? Desean lo que no tienen, entonces traman y hasta matan para conseguirlo. Envidian lo que otros tienen, pero no pueden obtenerlo, por eso luchan y les hacen la guerra para quitárselo. Sin embargo, no tienen lo que desean porque no se lo piden a Dios. Aun cuando se lo piden, tampoco lo reciben porque lo piden con malas intenciones: desean solamente lo que les dará placer. ¡Adúlteros! ¿No se dan cuenta de que la amistad con el mundo los convierte en enemigos de Dios? Lo repito: si alguien quiere ser amigo del mundo, se hace enemigo de Dios. ¿Acaso piensan que las Escrituras no significan nada? Ellas dicen que Dios desea fervientemente que el espíritu que puso dentro de nosotros le sea fiel. Y él da gracia con generosidad. Como dicen las Escrituras: «Dios se opone a los orgullosos pero da gracia a los humildes». Así que humíllense [*jupotásso*] delante de Dios. Resistan al diablo, y él huirá de ustedes. Acérquense a Dios, y Dios se acercará a ustedes. Lávense las manos, pecadores; purifiquen su corazón, porque su lealtad está dividida entre Dios y el mundo. Derramen lágrimas por lo que han hecho. Que haya lamento y profundo dolor. Que haya llanto en lugar de risa y tristeza en lugar de alegría. Humíllense delante del Señor, y él los levantará con honor. (Santiago 4.1–10, NTV)

Del mismo modo, ustedes los más jóvenes tienen que aceptar la autoridad de los ancianos; y todos vístanse con humildad en su trato los unos con los otros porque «Dios se opone a los orgullosos pero muestra su favor a los humildes». Así que humíllense [*jupotásso*] ante el gran poder de Dios y, a su debido tiempo, él los levantará con honor. Pongan todas sus preocupaciones y ansiedades en las manos de Dios, porque él cuida de ustedes. ¡Estén alerta! Cuídense de su gran enemigo, el diablo, porque anda al acecho como un león rugiente, buscando a quién devorar. Manténganse firmes contra él y sean fuertes en su fe. Recuerden que su familia de creyentes en todo el mundo también está pasando por el mismo sufrimiento. (1 Pedro 5.5–9, NTV).

Les aseguro que dieron todo lo que podían, y aun más de lo que podían. No lo hicieron por obligación, sino porque quisieron hacerlo, y hasta nos rogaron mucho que los dejáramos colaborar en esta ayuda al pueblo de Dios. Hicieron más de lo que esperábamos. Primero se entregaron a sí mismos al Señor, y después a nosotros. De este modo, hicieron lo que Dios esperaba de ellos. (2 Corintios 8.3–5, TLA)

Resistir al diablo

Parafraseando el diccionario nuevamente, la palabra *resistir* se define como «oponerse un cuerpo o una fuerza a la acción o violencia de otro; combatir las pasiones, deseos, etc.; oponerse con fuerza a hacer algo».[10]

Tanto Santiago como Pedro usan la palabra *resistir* para referirse a la acción de Dios de oponerse a los soberbios, pero también para referirse a la acción del creyente de oponerse a Satanás.

> Pero él da mayor gracia. Por esto dice: Dios resiste a los soberbios, y da gracia a los humildes. Someteos, pues, a Dios; resistid al diablo, y huirá de vosotros. (Santiago 4.6–7)

> Igualmente, jóvenes, estad sujetos a los ancianos; y todos, sumisos unos a otros, revestíos de humildad; porque: Dios resiste a los soberbios, y da gracia a los humildes [...] Sed sobrios, y velad; porque vuestro adversario el diablo, como león rugiente, anda alrededor buscando a quien devorar; al cual resistid firmes en la fe. (1 Pedro 5.5, 8–9)

El vocablo griego utilizado para referirse a Dios resistiendo a los soberbios es *antitássomai* que quiere decir «ponerse uno mismo en contra de, oponerse, hacer resistencia».[11] Es decir, Dios mismo se pone en contra de aquellos que son soberbios, oponiéndose a ellos y resistiéndolos.

El vocablo griego para referirse al creyente resistiendo al diablo es *andsístemi*, que significa «pararse en contra, oponerse, resistir, contradecir».[12] Es el mismo vocablo que se utiliza para describir la forma en que Janes y Jambres se opusieron a Moisés (2 Timoteo 3.8), Elimas a la predicación de Pablo (Hechos 13.8), y el mismo Pablo a Pedro cuando este no se juntaba con los gentiles si los judíos estaban presentes (Gálatas 2.11). Es decir, cuando hablamos de resistir a Satanás, no nos referimos a ser pasivos y soportar su envestida, muy por el contrario, resistir a Satanás tiene que ver con la actividad y el dinamismo que ejercemos para pararnos en contra de él, oponiéndonos y contradiciéndolo.

LEA • REFLEXIONE • CONVERSE

Lea los pasajes de la Escritura que aparecen a continuación y reflexione sobre su conducta privada y pública. Escriba lo que Dios le está hablando sobre resistir y qué decisiones está tomando para resistir a Satanás. Como notará volverá a reflexionar sobre Santiago 4.1–10 y 1 Pedro 5.5–9. La vez anterior leyó estas Escrituras desde la perspectiva de rendirse a Dios, ahora hágalo desde la posición de resistir al diablo. De esta manera encontrará aquellos elementos en su persona y conducta que se opondrán a él, y combatirá con fuerza en contra de toda acción y avance diabólico sobre su vida.

Escriba lo que Dios le está hablando, así como las decisiones que está tomando para resistir a Satanás.

Conversen en grupo acerca de lo que Dios les ha hablado a cada uno y las decisiones a implementar.

¿Qué es lo que causa las disputas y las peleas entre ustedes? ¿Acaso no surgen de los malos deseos que combaten en su interior? Desean lo que no tienen, entonces traman y hasta matan para conseguirlo. Envidian lo que otros tienen, pero no pueden obtenerlo, por eso luchan y les hacen la guerra para quitárselo. Sin embargo, no tienen lo que desean porque no se lo piden a Dios. Aun cuando se lo piden, tampoco lo reciben porque lo piden con malas intenciones: desean solamente lo que les dará placer. ¡Adúlteros! ¿No se dan cuenta de que la amistad con el mundo los convierte en enemigos de Dios? Lo repito: si alguien quiere ser amigo del mundo, se hace enemigo de Dios. ¿Acaso piensan que las Escrituras no significan nada? Ellas dicen que Dios desea fervientemente que el espíritu que puso dentro de nosotros le sea fiel. Y él da gracia con generosidad. Como dicen las Escrituras: «Dios se opone [resiste, dice la versión RVR60] a los orgullosos pero muestra su favor a los humildes». Así que humíllense delante de Dios. Resistan al diablo, y él huirá de ustedes. Acérquense a Dios, y Dios se acercará a ustedes. Lávense las manos, pecadores; purifiquen su corazón, porque su lealtad está dividida entre Dios y el mundo. Derramen lágrimas por lo que han hecho.

Que haya lamento y profundo dolor. Que haya llanto en lugar de risa y tristeza en lugar de alegría. Humíllense delante del Señor, y él los levantará con honor. (Santiago 4.1–10, NTV)

Del mismo modo, ustedes los más jóvenes tienen que aceptar la autoridad de los ancianos; y todos vístanse con humildad en su trato los unos con los otros porque «Dios se opone a los orgullosos pero da gracia a los humildes». Así que humíllense [*jupotásso*] ante el gran poder de Dios y, a su debido tiempo, él los levantará con honor. Pongan todas sus preocupaciones y ansiedades en las manos de Dios, porque él cuida de ustedes. ¡Estén alerta! Cuídense de su gran enemigo, el diablo, porque anda al acecho como un león rugiente, buscando a quién devorar. Manténganse firmes contra él y sean fuertes en su fe. Recuerden que su familia de creyentes en todo el mundo también está pasando por el mismo sufrimiento. (1 Pedro 5.5–9, NTV)

Las tentaciones que enfrentan en su vida no son distintas de las que otros atraviesan. Y Dios es fiel; no permitirá que la tentación sea mayor de lo que puedan soportar. Cuando sean tentados, él les mostrará una salida, para que puedan resistir. (1 Corintios 10.13, NTV)

Por tanto, amados míos, huid de la idolatría. Como a sensatos os hablo; juzgad vosotros lo que digo. La copa de bendición que bendecimos, ¿no es la comunión de la sangre de Cristo? El pan que partimos, ¿no es la comunión del cuerpo de Cristo? Siendo uno solo el pan, nosotros, con ser muchos, somos un cuerpo; pues todos participamos de aquel mismo pan. Mirad a Israel según la carne; los que comen de los sacrificios, ¿no son partícipes del altar? ¿Qué digo, pues? ¿Que el ídolo es algo, o que sea algo lo que se sacrifica a los ídolos? Antes digo que lo que los gentiles sacrifican, a los demonios lo sacrifican, y no a Dios; y no quiero que vosotros os hagáis partícipes con los demonios. No podéis beber la copa del Señor, y la copa de los demonios; no podéis participar de la mesa del Señor, y de la mesa de los demonios. ¿O provocaremos a celos al Señor? ¿Somos más fuertes que él? (1 Corintios 10.14–22)

Por lo tanto, pónganse todas las piezas de la armadura de Dios para poder resistir al enemigo en el tiempo del mal. Así, después de la batalla, todavía seguirán de pie, firmes. (Efesios 6.13, NTV)

No se asocien íntimamente con los que son incrédulos. ¿Cómo puede la justicia asociarse con la maldad? ¿Cómo puede la luz vivir con las tinieblas? ¿Qué armonía puede haber entre Cristo y el diablo? ¿Cómo puede un creyente asociarse con un incrédulo? ¿Y qué clase de unión puede haber entre el templo de Dios y los ídolos? Pues nosotros somos el templo del Dios viviente. Como dijo Dios: «Viviré en ellos y caminaré entre ellos. Yo seré su Dios, y ellos serán mi pueblo. Por lo tanto, salgan de entre los incrédulos y apártense de ellos, dice el Señor. No toquen sus cosas inmundas, y yo los recibiré a ustedes. Y yo seré su Padre, y ustedes serán mis hijos e hijas, dice el Señor Todopoderoso». (2 Corintios 6.14–18, NTV)

Practicar disciplinas espirituales

Las disciplinas espirituales son la manera de Dios de liberar nuestra alma y renovar nuestro espíritu. Son los medios de la gracia de Dios, ya que a través de ellas el Señor nos lleva de gloria en gloria. Son los ejercicios voluntarios del alma del hijo de Dios que lo posicionan en el lugar donde el Padre celestial le pueda hablar y obrar sin interrupciones. Las disciplinas espirituales son hábitos buenos, importantes y necesarios en la vida del cristiano.

La lista de disciplinas espirituales puede llegar a ser bastante extensa, pero aquí solo menciono aquellas que considero son la base para construir y mantener una vida de consagración a Dios. Aunque usualmente se practican estas disciplinas espirituales de forma individual, considero que el equipo debería buscar los espacios para practicarlas en grupo.

Tiempos de devoción. Son el buen hábito de pasar tiempo a solas con Dios entregándonos a Él y rindiéndonos a su voluntad. Los tiempos de devoción resultan un buen momento para el ejercicio de las disciplinas espirituales, y deberíamos llevar un registro de ellos en un devocionario. Estos tiempos de devoción deben ser diarios (mínimo treinta minutos), semanales (mínimo dos horas), mensuales (medio día o un día completo) y anuales (de dos a tres días). «Me mostrarás la senda de la vida; en tu presencia hay plenitud de gozo; delicias a tu diestra para siempre» (Salmos 16.11).

La oración. Es el ejercicio voluntario de hablar con Dios en el terreno de Dios. Orar es hablar con Dios en la dimensión espiritual en la que Él se manifiesta hablando y haciendo. El autor anónimo de *El cristiano de rodillas* escribió:

> La palabra «oración» significa en realidad «deseo dirigido hacia», es decir, hacia Dios [...] La oración es, simplemente, «el alma volviéndose a Dios». David describe la oración como la elevación del alma hacia el Dios viviente. «A ti, oh Jehová, levantaré mi alma» (Salmos 25.1) [...] Cuando elevamos nuestra alma a Dios en oración, le damos al mismo tiempo la oportunidad de que Él haga su voluntad en nosotros y con nosotros. Orar no es pedir cosas a Dios, es ponernos a la disposición de Dios. Dios está siempre a nuestro lado, pero nosotros no siempre estamos en el suyo. Cuando el hombre ora, lo que hace es dar a Dios una oportunidad de obrar en él.[13]

> Tarde y mañana y a mediodía oraré y clamaré, y él oirá mi voz. (Salmos 55.17)

La lectura bíblica. Es el ejercicio voluntario de escuchar (Romanos 10.17), leer (Apocalipsis 1.3), estudiar (Hechos 17.11), memorizar (Salmos 119.11) y meditar (Salmos 1.2) en la Palabra de Dios. La Biblia es la Palabra de Dios que alimenta el alma con fe y nos guía en la senda de la vida. «Lámpara es a mis pies tu palabra, y lumbrera a mi camino» (Salmos 119.105).

El ayuno. Es el ejercicio voluntario de renunciar a ciertos alimentos y/o placeres de forma temporal con el fin de liberarse de los apegos carnales y materiales, y encontrar intimidad con Dios. «Y volví mi rostro a Dios el Señor, buscándole en oración y ruego, en ayuno, cilicio y ceniza» (Daniel 9.3).

La alabanza. Es el ejercicio voluntario de reconocer la naturaleza de Dios exaltando su grandeza y su poder manifestado en sus obras a favor de su pueblo. «Alabad a Jehová, porque él es bueno, porque para siempre es su misericordia» (Salmos 136.1); «Grande es Jehová, y digno de suprema alabanza; y su grandeza es inescrutable» (Salmos 145.3).

La adoración. Es el ejercicio voluntario de reconocer la voluntad de Dios y aceptar lo que Él dispone sobre mi vida y sobre los acontecimientos exaltando su soberanía y su señorío. «Gracias a tu amor inagotable, puedo entrar en tu casa; adoraré en tu templo con la más profunda reverencia» (Salmos 5.7, NTV).

La acción de gracias. Es el ejercicio voluntario del alma de reconocer los beneficios recibidos de parte de Dios exaltando su misericordia y su bondad. La verdadera acción de gracias es la expresión voluntaria de una gratitud de corazón por los beneficios recibidos. «Por nada estéis afanosos, sino sean conocidas vuestras peticiones delante de Dios en toda oración y ruego, con acción de gracias» (Filipenses 4.6).

La meditación. Es el ejercicio voluntario de hacer silencio para aplicar con profunda atención el pensamiento a la consideración de lo vivido, prestando atención a los resultados y reflexionando profundamente sobre la persona (Salmos 63.6), los mandatos (Salmos 119.15) y las obras (Salmos 77.12) de Dios en relación con uno mismo. La palabra que se traduce como meditar en la Biblia proviene del griego *sumbálo,* que significa «combinar (al hablar), conversar, consultar, disputar, (mentalmente) considerar»;[14] y principalmente de las palabras hebreas *jagá,* que significa «murmurar (en placer o ira), meditar, pensar, susurrar»,[15] y *síakj,* que significa «conversar (con uno mismo), considerar, reflexionar».[16] Ambas hacen referencia al silencio y la reflexión interna, a esa conversación dentro de la mente como si fuera un susurro íntimo del corazón. Por ejemplo: «Pero María guardaba todas estas cosas, meditándolas (*sumbálo*) en su corazón» (Lucas 2.19); «Sean gratos los dichos de mi boca y la meditación (*jiggaión,* intensivo de *jagá*) de mi corazón delante de ti, oh Jehová, roca mía, y redentor mío» (Salmos 19.14).

Cuando no se han practicado las disciplinas espirituales, comenzar puede ser algo difícil, cuesta arriba. Y lo es mucho más cuando uno lo quiere hacer solo. Incluso los que estudian la conducta del ser humano dicen que para que una acción o conducta llegue a ser un hábito es necesario practicarla veintiún veces seguidas. Por eso, comenzar con el hábito de practicar las disciplinas espirituales reditúa mayores resultados cuando se hace acompañado por otros. La propuesta es que realicen en grupo una lista de las disciplinas espirituales que quieren comenzar a ejercitar y desarrollen un calendario de cómo van a practicarlas juntos durante los próximos cuatro meses.

LEA • REFLEXIONE • CONVERSE

Al leer los siguientes pasajes de la Escritura, reflexione y escriba sobre lo que Dios le está hablando acerca de tener hábitos espirituales saludables y qué decisiones está tomando para comenzar a practicarlos periódicamente.

Conversen en grupo sobre lo que Dios les ha hablado a cada uno y sobre las decisiones a implementar.

Por eso, hermanos míos, ya que Dios es tan bueno con ustedes, les ruego que dediquen toda su vida a servirle y a hacer todo lo que a él le agrada. Así es como se le debe adorar. Y no vivan ya como vive todo el mundo. Al contrario, cambien de manera de ser y de pensar. Así podrán saber qué es lo que Dios quiere, es decir, todo lo que es bueno, agradable y perfecto. (Romanos 12.1–2, TLA)

¿No sabéis que los que corren en el estadio, todos a la verdad corren, pero uno solo se lleva el premio? Corred de tal manera que lo obtengáis. Todo aquel que lucha, de todo se abstiene; ellos, a la verdad, para recibir una corona corruptible, pero nosotros, una incorruptible. Así que, yo de esta manera corro, no como a la ventura; de esta manera peleo, no como quien golpea el aire, sino que golpeo mi cuerpo, y lo pongo en servidumbre, no sea que habiendo sido heraldo para otros, yo mismo venga a ser eliminado. (1 Corintios 9.24–27)

Abstenerse de los malos hábitos

Nuestra consagración alcanzará su mayor potencial al comenzar a practicar las disciplinas espirituales mientras eliminamos los malos hábitos. Los malos hábitos son aquellas prácticas o actitudes que no contribuyen a la santidad y que seguramente están estorbando y ocupando el tiempo de las disciplinas espirituales en nuestra vida. Debemos identificarlos y eliminarlos. Esto conlleva una predisposición a renunciar a todo aquello que no conviene a la edificación y la salud personal y que además no contribuye a una vida que agrada a Dios.

Tomás de Kempis asocia nuestros malos hábitos con nuestra desidia espiritual y nos confronta cuando escribe:

En nuestros tiempos hay muchos deseosos de alcanzar el reino celestial de Jesús: pocos que quieran llevar su cruz. Muchos quieren sentarse a la mesa con Él; pocos quieren ayunar con Él. Muchos oyen al mundo con más gusto que a Dios; con más facilidad siguen sus pasiones carnales que la voluntad de Dios.

El mundo les promete cosas pequeñas y caducas, y de muy buena voluntad le sirven. Yo les prometo cosas grandísimas y eternas, y los corazones de los mortales no se mueven. ¿Quién me sirve y obedece en todo con tanto celo como sirven al mundo y a los señores del mundo? «Avergüénzate, Sidón, le dice el mar». Si preguntas por qué oye, por qué: por una vil renta, largo camino se corre; por la vida eterna, muchos apenas alzan alguna vez el pie de la tierra. Se va a buscar una miserable ganancia; se disputa vergonzosamente algunas veces por una moneda; no se tiene miedo de trabajar día y noche por una cosa que no vale nada, aun por la mera promesa de algo de poca importancia. Pero, ¡qué vergüenza! Por el bien eterno, por el premio interminable, por la hora suprema, por la gloria sinfín, se siente pereza de trabajar siquiera un poquito. Avergüénzate, esclavo perezoso y quejumbroso, de que los mundanos estén más dispuestos a perderse, que tú con la verdad a salvarte.[17]

Cuando se tiene un mal hábito, querer eliminarlo de la conducta personal también puede llegar a ser algo difícil, cuesta arriba. Y mucho más cuando uno lo quiere hacer sin la ayuda de otro. Por eso, pelear contra estas malas costumbres que desagradan a Dios y destruyen nuestra vida tiene mayor éxito cuando otros nos ayudan. Así que, la propuesta es que peleen en grupo contra esos malos hábitos que están practicando. Creo que es importante entender que es más fácil para alguien reconocer qué disciplinas espirituales quiere comenzar a practicar que confesar frente a los demás los malos hábitos que tiene. Pero este es el momento en que todos en el equipo necesitan mostrar un compromiso con los demás y escuchar para ayudar, no para acusar.

LEA • REFLEXIONE • CONVERSE

Al leer los siguientes pasajes de la Escritura, reflexione y escriba sobre lo que Dios le está hablando acerca de abstenerse de los hábitos no saludables y pecaminosos y qué decisiones está tomando para eliminarlos de su conducta y espacio de vida.

Conversen en grupo sobre lo que Dios les está hablando a cada uno y las decisiones a implementar.

Desarrollen un calendario como grupo con el fin de programar cómo van a reunirse periódicamente durante los próximos cuatro meses para «rendir cuentas», ayudarse y orar unos por otros.

¿No sabéis que los que corren en el estadio, todos a la verdad corren, pero uno solo se lleva el premio? Corred de tal manera que lo obtengáis. Todo aquel que lucha, de todo se abstiene; ellos, a la verdad, para recibir una corona corruptible, pero nosotros, una incorruptible. Así que, yo de esta manera corro, no como a la ventura; de esta manera peleo, no como quien golpea el aire, sino que golpeo mi cuerpo, y lo pongo en servidumbre, no sea que habiendo sido heraldo para otros, yo mismo venga a ser eliminado. (1 Corintios 9.24–27)

Todo me es lícito, pero no todo conviene; todo me es lícito, pero no todo edifica. Ninguno busque su propio bien, sino el del otro. De todo lo que se vende en la carnicería, comed, sin preguntar nada por motivos de conciencia; porque del Señor es la tierra y su plenitud. Si algún incrédulo os invita, y queréis ir, de todo lo que se os ponga delante comed, sin preguntar nada por motivos de conciencia. Mas si alguien os dijere: Esto fue sacrificado a los ídolos; no lo comáis, por causa de aquel que lo declaró, y por motivos de conciencia; porque del Señor es la tierra y su plenitud. La conciencia, digo, no la tuya, sino la del otro. Pues ¿por qué se ha de juzgar mi libertad por la conciencia de otro? Y si yo con agradecimiento participo, ¿por qué he de ser censurado por aquello de que doy gracias? Si, pues, coméis o bebéis, o hacéis otra cosa, hacedlo todo para la gloria de Dios. No seáis tropiezo ni a judíos, ni a gentiles, ni a la iglesia de Dios; como también yo en todas las cosas agrado a todos, no procurando mi propio beneficio, sino el de muchos, para que sean salvos. (1 Corintios 10.23–33)

Por lo tanto, imiten a Dios en todo lo que hagan porque ustedes son sus hijos queridos. Vivan una vida llena de amor, siguiendo el ejemplo de Cristo. Él nos amó [y ama] y se ofreció a sí mismo como sacrificio por nosotros, como aroma agradable a Dios. Que no haya ninguna inmoralidad sexual, impureza ni avaricia entre ustedes. Tales pecados no tienen lugar en el pueblo de Dios. Los cuentos obscenos, las conversaciones necias y los chistes groseros no son para ustedes. En cambio, que haya una actitud de agradecimiento a Dios. Pueden estar seguros de que ninguna persona inmoral, impura o avara heredará el reino de Cristo y de Dios. Pues el avaro es un idólatra, que adora las cosas de este mundo. No se dejen engañar por los que tratan de justificar esos pecados, porque el enojo de Dios caerá sobre todos los que lo desobedecen. No participen en las cosas que hace esa gente. Pues antes ustedes estaban llenos de oscuridad, pero ahora tienen la luz que proviene del Señor. Por lo tanto, ¡vivan como gente de luz! Pues esa luz que está dentro de ustedes produce solo cosas buenas, rectas y verdaderas. Averigüen bien lo que agrada al Señor. No participen en las obras inútiles de la maldad y la oscuridad; al contrario, sáquenlas a la luz. Es vergonzoso siquiera hablar de las cosas que la gente malvada hace en secreto. No obstante, sus malas intenciones se descubrirán cuando la luz las ilumine, porque la luz hace todo visible. Por eso se dice: «Despiértate tú que duermes, levántate de los muertos, y Cristo te dará luz». (Efesios 5.1–14, NTV)

CAPÍTULO 3

El equipo y su compromiso

VIVIR Y OBRAR CON RESPONSABILIDAD

Cristo Jesús nuestro Señor [...] me tuvo por fiel, poniéndome en el ministerio.
—1 Timoteo 1.12

Antes de asumir un compromiso hay una cierta vacilación, una oportunidad para retroceder. Pero en el momento en que me comprometo definitivamente, entonces Dios también se mueve, y comienza el estallido de toda una serie de sucesos. Toda clase de incidentes y encuentros imprevistos, personas y ayudas concretas que yo jamás hubiera soñado que aparecerían en mi camino fluyendo hacia mí [...] en el preciso instante en que me comprometo a algo.
—John C. Maxwell[1]

E l COMPROMISO le da al equipo la pasión de Dios. *Es ser responsable con la tarea asignada poniendo cuidado y atención en lo que se hace.* En el compromiso se manifiesta nuestra fidelidad. Hablar de una persona fiel es hablar de alguien cuyo comportamiento se corresponde con la confianza puesta en ella, o con la que exige Dios a través del llamado que le ha hecho.

Cuando uno se compromete, asume la responsabilidad del cargo que ocupa y del trabajo que tiene que realizar. Además, está dispuesto a responder y rendir cuentas de los actos propios o los de otros que están en su equipo. El compromiso implica ser consciente y formal en las palabras, las decisiones o los actos, poniendo especial cuidado y atención en lo que se hace o decide. Entonces, el compromiso tiene que ver con nuestro comportamiento. Un comportamiento que esté acorde con la responsabilidad. Tiene que ver con estar dispuesto a dar cuentas de mis acciones, de mis hechos; con hacerme cargo de la posición en la que Dios me puso y ser fiel en lo que Dios me ha dado para hacer.

Lo opuesto al compromiso es el indiferentismo, que es la indiferencia, la frialdad, el desapego, el desinterés, la falta de sentido de responsabilidad, la infidelidad con el equipo y en el cumplimiento de la tarea asignada.

Cuando el Señor Jesús enseña, en Mateo 24.45–51, Mateo 25.14–30 y Lucas 16.10–13, sobre los siervos fieles del reino de Dios, nos revela la naturaleza del compromiso en contraste con la naturaleza del indiferentismo.

El compromiso es la prudencia que el miembro del equipo tiene para hacer la tarea encomendada aunque nadie lo esté mirando o controlando. Mientras que el indiferentismo es la hipocresía maliciosa del miembro del equipo que hace la tarea encomendada cuando está presente el líder, pero la deja de hacer para incluso muchas veces actuar de modo opuesto cuando nadie lo está controlando.

El compromiso es	El indiferentismo es
prudente	hipócrita
confiable	sospechoso
leal	traicionero
productivo	improductivo
recompensable	castigable

El compromiso es la confiabilidad para actuar honestamente con lo que tiene poco valor y lo que es de otros, mostrando que se tiene la virtud de comportarse con honradez con lo que vale mucho, y revelando así que se está listo para recibir y usar honradamente lo que es propio. Por el contrario, el indiferentismo genera un ambiente de sospecha al actuar de forma deshonesta con aquello que tiene poco valor y con lo que le pertenece a otros, revelando la incapacidad de administrar correctamente lo que vale mucho y la incapacidad de usar honradamente lo que es propio.

El compromiso es la lealtad que nace de la elección propia de ser parte del equipo y relacionarse con el líder y sus compañeros con amor y obediencia. Por su parte, el indiferentismo es esa disponibilidad traicionera de abandonar al equipo en las circunstancias difíciles o frente al beneficio personal, disponibilidad que se revela en la tendencia a relacionarse con el líder y sus compañeros de equipo a través del odio, la desobediencia y el desprecio.

El compromiso es la productividad que se tiene en el trabajo al usar bien lo que se recibe para generar ganancias a favor del equipo. En cambio, el indiferentismo es la improductividad que se manifiesta al no usar lo que se recibe, escondiéndolo y no arriesgando por miedo a perderlo.

El compromiso siempre es recompensable, agregándole a lo poco que se tiene más para que se tenga en abundancia. Debido a que se administra con fidelidad la pequeña responsabilidad otorgada se dan muchas más responsabilidades en el equipo. Por el contrario, el indiferentismo siempre es castigable, quitándosele a la persona lo poco que tenía para quedarse sin nada. Debido a que se administra con negligencia la pequeña responsabilidad recibida, ahora no se le entregan más responsabilidades y pierde su lugar en el equipo.

Cuando asociamos el compromiso con ser prudente, confiable, leal, productivo y recompensable, estamos definiendo el compromiso en el equipo como la fidelidad que atiende y multiplica lo recibido de parte de Dios. Generalmente pensamos que ser responsables por algo es simplemente atender la tarea asignada, pero al leer las Escrituras encontramos que usar los dones tiene todo que ver con la multiplicación.

Puedo ser responsable de enseñar en una clase de la Escuela Dominical durante años, pero también puedo usar ese don de enseñanza para reproducirme en otros y formar a otros maestros de la Palabra, o hacer que los alumnos de mi clase no solo reciban, sino que además difundan la Palabra. Puedo ser fiel en lo que respecta a tocar mi guitarra en el grupo de alabanza o puedo hacer que mi talento se multiplique formando y habilitando a otros como músicos para el ministerio de alabanza. Compromiso es ser fiel para realizar lo encomendado, pero también es multiplicar lo que se recibió para el beneficio del reino de Dios.

LEA • REFLEXIONE • CONVERSE

Al leer los siguientes pasajes de la Escritura, reflexione sobre la fidelidad y la multiplicación en relación con la tarea que se le ha asignado. Escriba lo que Dios le está hablando, así como las decisiones que está tomando para multiplicar lo recibido mientras es fiel a Dios.

Conversen en grupo sobre lo que Dios les ha hablado a cada uno y sobre las decisiones a implementar.

¿Quién es, pues, el siervo fiel y prudente, al cual puso su señor sobre su casa para que les dé el alimento a tiempo? Bienaventurado aquel siervo al cual, cuando su señor venga, le halle haciendo así. De cierto os digo que sobre todos sus bienes le pondrá. Pero si aquel siervo malo dijere en su corazón: Mi señor tarda en venir; y comenzare a golpear a sus consiervos, y aun a comer y a beber con los borrachos, vendrá el señor de aquel siervo en día que éste no espera, y a la hora que no sabe, y lo castigará duramente, y pondrá su parte con los hipócritas; allí será el lloro y el crujir de dientes. (Mateo 24.45-51)

Porque el reino de los cielos es como un hombre que yéndose lejos, llamó a sus siervos y les entregó sus bienes. A uno dio cinco talentos, y a otro dos, y a otro uno, a cada uno conforme a su capacidad; y luego se fue lejos. Y el que había recibido cinco talentos fue y negoció con ellos, y ganó otros cinco talentos. Asimismo el que había recibido dos, ganó también otros dos. Pero el que había recibido uno fue y cavó en la tierra, y escondió el dinero de su señor. Después de mucho tiempo vino el señor de aquellos siervos, y arregló cuentas con ellos. Y llegando el que había recibido cinco talentos, trajo otros cinco talentos, diciendo: Señor, cinco talentos me entregaste; aquí tienes, he ganado otros cinco talentos sobre ellos. Y su señor le dijo: Bien, buen siervo y fiel; sobre poco has sido fiel, sobre mucho te pondré; entra en el gozo de tu señor. Llegando también el que había recibido dos talentos, dijo: Señor, dos talentos me entregaste; aquí tienes, he ganado otros dos talentos sobre ellos. Su señor le dijo: Bien, buen siervo y fiel; sobre poco has sido fiel, sobre mucho te pondré; entra en el gozo de tu señor. Pero llegando también el que había recibido un talento, dijo: Señor, te conocía que eres hombre duro, que siegas donde no sembraste y recoges donde no esparciste; por lo cual tuve miedo, y fui y escondí tu talento en la tierra; aquí tienes lo que es tuyo. Respondiendo su señor, le dijo: Siervo malo y negligente, sabías que siego donde no sembré, y que recojo donde no esparcí. Por tanto, debías haber dado mi dinero a los banqueros, y al venir yo, hubiera recibido lo que es mío con los intereses. Quitadle, pues, el talento, y dadlo al que tiene diez talentos. Porque al que tiene, le será dado, y tendrá más; y al que no tiene, aun lo que tiene le será quitado. Y al siervo inútil echadle en las tinieblas de afuera; allí será el lloro y el crujir de dientes. (Mateo 25.14-30)

El que es fiel en lo muy poco, también en lo más es fiel; y el que en lo muy poco es injusto, también en lo más es injusto. Pues si en las riquezas injustas no fuisteis fieles, ¿quién os confiará lo verdadero? Y si en lo ajeno no fuisteis fieles, ¿quién os dará lo que es vuestro? Ningún siervo puede servir a dos señores; porque o aborrecerá al uno y amará al otro, o estimará al uno y menospreciará al otro. No podéis servir a Dios y a las riquezas. (Lucas 16.10-13)

Dirección

Se recibe dirección cuando hay una orden de Dios.

La pregunta clave cuando hablamos de compromiso es: ¿por qué hacemos lo que hacemos? ¿Cuál es la motivación principal al trabajar en el ministerio donde estamos involucrados? Si la respuesta a estas preguntas está limitada a la orden del pastor, o el líder del ministerio, entonces el compromiso y la responsabilidad están limitados a lo humano y a la relación que los liga a ese líder. Pero cuando la respuesta está ligada a una orden de Dios, entonces el compromiso nace de la consagración y relación con Dios, dándole a lo que hacemos un sentido de eternidad.

El compromiso

Se manifiesta cuando entiendo que Dios me llama y, en función de esa dirección de Dios para mi vida y ministerio, decido dedicarme a la tarea asignada con disposición para servir pagando el precio de mi llamado.

Para Pablo era claro que hacía lo que hacía porque Dios se lo había ordenado. Pablo escribió: «Yo no anuncio la buena noticia [el evangelio] para sentirme importante. Lo hago porque así Dios me lo ordenó. ¡Y pobre de mí si no lo hago! Yo no puedo esperar que se me pague por anunciar la buena noticia, pues no se me preguntó si quería hacerlo; ¡se me ordenó hacerlo!» (1 Corintios 9.16–17, TLA).

LEA • REFLEXIONE • CONVERSE

Al leer los siguientes pasajes de la Escritura, reflexione sobre la dirección que usted ha recibido de parte de Dios para integrar y servir en el equipo. Escriba lo que Dios le está hablando, así como las decisiones que está tomando para hacer lo que Dios le ha ordenado.

Conversen en grupo acerca de lo que Dios les ha hablado a cada uno y sobre las decisiones a implementar.

Entre los profetas y maestros de la iglesia de Antioquía de Siria se encontraban Bernabé, Simeón (llamado «el Negro»), Lucio (de Cirene), Manaén (compañero de infancia del rey Herodes Antipas) y Saulo. Cierto día, mientras estos hombres adoraban al Señor y ayunaban, el Espíritu Santo dijo: «Consagren a Bernabé y a Saulo para el trabajo especial al cual los he llamado». Así que, después de pasar más tiempo en ayuno y oración, les impusieron las manos y los enviaron. Entonces Bernabé y Saulo fueron enviados por el Espíritu Santo. (Hechos 13.1–4, NTV)

Luego, Pablo y Silas viajaron por la región de Frigia y Galacia, porque el Espíritu Santo les había impedido que predicaran la palabra en la provincia de Asia en ese tiempo. Luego, al llegar a los límites con Misia, se dirigieron al norte, hacia la provincia de Bitinia, pero de nuevo el Espíritu de Jesús no les permitió ir allí. Así que siguieron su viaje por Misia hasta el puerto de Troas. Esa noche Pablo tuvo una visión. Puesto de pie, un hombre de Macedonia —al norte de Grecia— le rogaba: «¡Ven aquí a Macedonia y ayúdanos!». Entonces decidimos salir de inmediato hacia Macedonia, después de haber llegado a la conclusión de que Dios nos llamaba a predicar la Buena Noticia allí. (Hechos 16.6–10, NTV)

Una noche, el Señor le habló a Pablo en una visión y le dijo: «¡No tengas miedo! ¡Habla con libertad! ¡No te quedes callado! Pues yo estoy contigo, y nadie te atacará ni te hará daño, porque mucha gente de esta ciudad me pertenece». Así que Pablo se quedó allí un año y medio enseñando la palabra de Dios. (Hechos 18.9–11, NTV)

Decisión

Una decisión se toma dando una palabra de honor.

John Maxwell, en su libro *Sé todo lo que puedas ser,* escribió: «El compromiso es una decisión, no un resultado de las condiciones. Las personas no asumen importantes compromisos porque estén dadas las condiciones adecuadas. Lo hacen porque deciden hacerlo a pesar de la situación en la que se encuentran».[2]

Dar una palabra de honor es garantizar la lealtad al equipo y a su causa basándose en el honor que se tiene como persona. Cuando no se puede dar una palabra de honor, es porque no hay lealtad. Muchas veces personas llenas de cualidades y habilidades ocupan posiciones claves en el equipo, pero no hay integridad en la razón por la que están haciendo la tarea asignada.

Cuando Jesús fue ungido por María, en Betania, con un perfume caro, el escritor del Evangelio señala la molestia de Judas al ver el perfume desparramado en el piso: «Y dijo uno [...] Judas: ¿Por qué no fue este perfume vendido por trescientos denarios, y dado a los pobres?» (Juan 12.4–5). Sin embargo, también indica la verdadera motivación de Judas: «Pero dijo esto, no porque se cuidara de los pobres, sino porque era ladrón, y teniendo la bolsa, sustraía de lo que se echaba en ella» (Juan 12.6). Judas no se molesta porque se preocupaba por los pobres, sino porque robaba de la bolsa donde estaba el dinero del equipo. Y se molesta aún más cuando Jesús lo confronta: «Entonces Jesús dijo: Déjala; para el día de mi sepultura ha guardado esto. Porque a los pobres siempre los tendréis con vosotros, mas a mí no siempre me tendréis» (Juan 12.7–8). Se molesta al grado que decide ir a los enemigos de Jesús y traicionarlo. «Entonces uno de los doce, que se llamaba Judas Iscariote, fue a los principales sacerdotes, y les dijo: ¿Qué me queréis dar, y yo os lo entregaré? Y ellos le asignaron treinta piezas de plata. Y desde entonces buscaba oportunidad para entregarle» (Mateo 26.14–16). Es como si Judas le hubiera dicho a Jesús: «En realidad no me importa quién eres y no me importan tus ideales, lo único que me interesa es el dinero, así que si no puedo tomarlo de la venta de ese perfume, entonces lo obtengo de otra manera». Judas no tenía un compromiso con Jesús y su causa, solo tenía un compromiso con su ambición por el dinero. Solo puedes dar tu palabra de honor y comprometerte cuando te importa más la causa del equipo que tus ambiciones personales.

En un mundo donde los propósitos y las ambiciones personales dirigen la permanencia en un lugar o en una tarea asignada, es importante recuperar la palabra de honor de aquellos que sirven en el ministerio. Muchas veces los equipos ministeriales se ven menguados y debilitados por aquellos que quieren ser parte de lo que está pasando hasta que se encuentran con el primer inconveniente o dificultad, o con una mejor oferta. Pero cuando se toma la decisión en función de la dirección recibida de parte de Dios, entonces la decisión de ser parte del equipo y de la tarea que se realiza representa una palabra de honor que las circunstancias no pueden cambiar.

LEA • REFLEXIONE • CONVERSE

Al leer los siguientes pasajes de la Escritura, reflexione sobre las decisiones que el Señor Jesús y el apóstol Pablo tomaron pese a las circunstancias, y aun pese a los consejos aparentemente para su bien de los más cercanos. Luego compárelas con su decisión de ser parte del equipo ministerial y el ministerio en el que está sirviendo. Escriba lo que Dios le está hablando, así como las decisiones que está tomando para mantener su palabra de honor.

Conversen en grupo acerca de lo que Dios les ha hablado a cada uno y sobre las decisiones a implementar.

Yo soy el buen pastor; y conozco mis ovejas, y las mías me conocen, así como el Padre me conoce, y yo conozco al Padre; y pongo mi vida por las ovejas [...] Por eso me ama el Padre, porque yo pongo mi vida, para volverla a tomar. Nadie me la quita, sino que yo de mí mismo la pongo. Tengo poder para ponerla, y tengo poder para volverla a tomar. Este mandamiento recibí de mi Padre. (Juan 10.14–15, 17–18)

Entonces Pedro, tomándolo aparte, comenzó a reconvenirle, diciendo: Señor, ten compasión de ti; en ninguna manera esto te acontezca. Pero él, volviéndose, dijo a Pedro: ¡Quítate de delante de mí, Satanás!; me eres tropiezo, porque no pones la mira en las cosas de Dios, sino en las de los hombres. Entonces Jesús dijo a sus discípulos: Si alguno quiere venir en pos de mí, niéguese a sí mismo, y tome su cruz, y sígame. (Mateo 16.22–24)

Y permaneciendo nosotros allí algunos días, descendió de Judea un profeta llamado Agabo, quien viniendo a vernos, tomó el cinto de Pablo, y atándose los pies y las manos, dijo: Esto dice el Espíritu Santo: Así atarán los judíos en Jerusalén al varón de quien es este cinto, y le entregarán en manos de los gentiles. Al oír esto, le rogamos nosotros y los de aquel lugar, que no subiese a Jerusalén. Entonces Pablo respondió: ¿Qué hacéis llorando y quebrantándome el corazón? Porque yo estoy dispuesto no sólo a ser atado, mas aun a morir en Jerusalén por el nombre del Señor Jesús. Y como no le pudimos persuadir, desistimos, diciendo: Hágase la voluntad del Señor. Después de esos días, hechos ya los preparativos, subimos a Jerusalén. (Hechos 21.10–15)

Como el conflicto se tornó más violento, el comandante tenía temor de que descuartizaran a Pablo. De modo que les ordenó a sus soldados que fueran a rescatarlo por la fuerza y lo regresaran a la fortaleza. Esa noche el Señor se le apareció a Pablo y le dijo: «Ten ánimo, Pablo. Así como has sido mi testigo aquí en Jerusalén, también debes predicar la Buena Noticia en Roma». (Hechos 23.10–11, NTV)

Dedicación

La dedicación pone especial cuidado y atención en lo que se hace.

El compromiso es dedicación, es decir, la acción de aplicarse intensamente con esfuerzo y empeño a una profesión, trabajo u objetivo. Toda dirección de Dios sobre nuestra vida que dé como resultado la decisión de servir en un equipo ministerial deriva en dedicación.

La dedicación tiene ciertas actitudes y comportamientos que la revelan. La manera en que Pablo hablaba de su trabajo y la forma en que describió la contribución de las iglesias de Macedonia para ayudar a la iglesia en Jerusalén nos enseñan cómo se manifiesta la dedicación que nace de un compromiso genuino:

- «Pronto estoy»: Dedicación es trabajar con deseo y disposición para hacer la tarea asignada.
- «Me esforcé»: Dedicación es procurar siempre dar lo mejor en la tarea asignada.
- «Lo hago de buena voluntad»: Dedicación es trabajar en la tarea asignada con iniciativa propia.

- «Por lo cual, siendo [...] me he hecho»: Dedicación es trabajar con un espíritu de adaptabilidad en la tarea asignada, porque el placer de la tarea realizada está sobre los derechos personales.
- «Conforme a sus fuerzas, y aun más allá de sus fuerzas»: Dedicación es hacer el trabajo asignado según las posibilidades y más allá de las posibilidades.
- «Pidiéndonos con muchos ruegos que les concediésemos el privilegio de participar»: Dedicación es sentirse un privilegiado al tener la oportunidad de hacer el trabajo asignado.

LEA • REFLEXIONE • CONVERSE

Al leer los siguientes pasajes de la Escritura, reflexione sobre las actitudes y comportamientos que revelan la dedicación de Pablo y las iglesias de Macedonia. Escriba lo que Dios le está hablando, así como las decisiones que está tomando para poner especial cuidado y atención en lo que hace en, con y para el equipo.

Conversen en grupo acerca de lo que Dios les ha hablado a cada uno y sobre las decisiones a implementar.

A griegos y a no griegos, a sabios y a no sabios soy deudor. Así que, en cuanto a mí, pronto estoy a anunciaros el evangelio también a vosotros que estáis en Roma. (Romanos 1.14–15)

Y de esta manera me esforcé a predicar el evangelio, no donde Cristo ya hubiese sido nombrado. (Romanos 15.20)

Pues si anuncio el evangelio, no tengo por qué gloriarme; porque me es impuesta necesidad; y ¡ay de mí si no anunciare el evangelio! Por lo cual, si lo hago de buena voluntad, recompensa tendré; pero si de mala voluntad, la comisión me ha sido encomendada. (1 Corintios 9.16–17)

¿Cuál, pues, es mi galardón? Que predicando el evangelio, presente gratuitamente el evangelio de Cristo, para no abusar de mi derecho en el evangelio. Por lo cual, siendo libre de todos, me he hecho siervo de todos para ganar a mayor número. Me he hecho a los judíos como judío, para ganar a los judíos; a los que están sujetos a la ley (aunque yo no esté sujeto a la ley) como sujeto a la ley, para ganar a los que están sujetos a la ley; a los que están sin ley, como si yo estuviera sin ley (no estando yo sin ley de Dios, sino bajo la ley de Cristo), para ganar a los que están sin ley. Me he hecho débil a los débiles, para ganar a los débiles; a todos me he hecho de todo, para que de todos modos salve a algunos. Y esto hago por causa del evangelio, para hacerme copartícipe de él. (1 Corintios 9.18–23)

Asimismo, hermanos, os hacemos saber la gracia de Dios que se ha dado a las iglesias de Macedonia; que en grande prueba de tribulación, la abundancia de su gozo y su profunda pobreza abundaron en riquezas de su generosidad. Pues doy testimonio de que con agrado han dado conforme a sus fuerzas, y aun más allá de sus fuerzas, pidiéndonos con muchos ruegos que les concediésemos el privilegio de participar en este servicio para los santos. (2 Corintios 8.1–4)

Disposición

La disposición paga el precio de la tarea asignada.

Hijitos míos, por quienes vuelvo a sufrir dolores de parto, hasta que Cristo sea formado en vosotros. (Gálatas 4.19)

Creo que aprendí a comprender estos versículos cuando presencié el nacimiento de mi tercera hija, Paula. Las experiencias en la vida nos amplían el concepto de ciertos textos de la Biblia. Cuando se ha vivido o experimentado lo mismo que el autor describe, ese texto adquiere una dimensión especial en la vida del lector.

En el nacimiento de mis dos primeras hijas, Melisa y Julieta, no me permitieron estar presente en la sala de partos con mi esposa. Tal vez no quería presenciarlo. Ella entraba a la sala de parto, y horas después salía alguien anunciando: «¡Fue nena!». Pero para el alumbramiento de mi tercera hija fue diferente. Estuve en cada momento de los trabajos de parto de mi esposa. Noté cómo las contracciones le causaban un dolor terrible. La mano de mi esposa apretaba con fuerza la mía, y me decía: «No puedo más, ora por mí». Y de pronto su mano se aflojaba y exhalaba un suspiro, su rostro se relajaba. Minutos más tarde, sucedía lo mismo. Durante dos horas se repitió la misma situación, ¡hasta que la enfermera se percató de que Paula ya quería nacer! Todos se apresuraron a colocar a mi esposa en la posición adecuada, las enfermeras trajeron bandejas con todos los elementos para el parto, y el doctor se colocó frente a mi esposa. Ella se quejaba con un lamento, mezcla de dolor y fuerza a la vez, incomprensible para mí. En ese momento comencé a orar como muy pocas veces lo he realizado en mi vida, espantado por lo que sucedía. Sin embargo, la única que estaba sufriendo dolores de parto era Mónica, mi esposa.

Y mientras todo esto acontecía, el Espíritu Santo me estaba hablando. Ahora comprendía a Pablo cuando decía: «Hijitos míos por quienes vuelvo a sufrir dolores de parto». El Espíritu Santo está con nosotros en el ministerio para ayudarnos y fortalecernos, los ángeles de Dios están para servirnos y asistirnos. No obstante, el que sufre los dolores de parto es el ministro, el pastor, la iglesia, el hombre y la mujer de Dios que han decidido dar a luz hijos en Cristo Jesús.

Hay hombres y mujeres que hoy en día están en el ministerio y no quieren sufrir dolores de parto. Es más, en lo natural, los dolores de parto, las contracciones del parto, se reproducen cuando la mamá le da el pecho al bebé. Muchas veces Mónica me decía que cuando Paula comía «de su mamá», ella sentía las mismas contracciones del parto. Pablo dijo: «Vuelvo a sufrir». Puedes notar lo que eso significa. No es solo dar a luz, es alimentar, es nutrir, aunque eso implique dolor hasta que Cristo sea formado en ellos.

LEA • REFLEXIONE • CONVERSE

Cuando leemos en las Escrituras sobre las tribulaciones de Pablo, las asociamos con los momentos difíciles de nuestra vida personal, y muy pocas veces con la práctica comprometida del ministerio.

Al leer los siguientes relatos bíblicos, reflexione en su servicio en el ministerio y en su disponibilidad para pagar el precio que puede representar cumplir con su llamado ministerial. Escriba lo que Dios le está hablando, así como las decisiones que está tomando al respecto.

Conversen en grupo acerca de lo que Dios les ha hablado a cada uno y sobre las decisiones a implementar.

Nuestra entrega a Cristo nos hace parecer tontos, en cambio, ¡ustedes afirman ser tan sabios en Cristo! Nosotros somos débiles, ¡pero ustedes son tan poderosos! A ustedes los estiman, ¡a nosotros nos ridiculizan! Incluso ahora mismo pasamos hambre y tenemos sed y nos falta ropa para abrigarnos. A menudo somos golpeados y no tenemos casa. Nos cansamos trabajando con nuestras manos para ganarnos la vida. Bendecimos a los que nos maldicen. Somos pacientes con los que nos maltratan. Respondemos con gentileza cuando dicen cosas malas de nosotros. Aun así se nos trata como la basura del mundo, como el desperdicio de todos, hasta este preciso momento. (1 Corintios 4.10–13, NTV)

¿Son ministros de Cristo? (Como si estuviera loco hablo.) Yo más; en trabajos más abundante; en azotes sin número; en cárceles más; en peligros de muerte muchas veces. De los judíos cinco veces he recibido cuarenta azotes menos uno. Tres veces he sido azotado con varas; una vez apedreado; tres veces he padecido naufragio; una noche y un día he estado como náufrago en alta mar; en caminos muchas veces; en peligros de ríos, peligros de ladrones, peligros de los de mi nación, peligros de los gentiles, peligros en la ciudad, peligros en el desierto, peligros en el mar, peligros entre falsos hermanos; en trabajo y fatiga, en muchos desvelos, en hambre y sed, en muchos ayunos, en frío y en desnudez; y además de otras cosas, lo que sobre mí se agolpa cada día, la preocupación por todas las iglesias. ¿Quién enferma, y yo no enfermo? ¿A quién se le hace tropezar, y yo no me indigno? Si es necesario gloriarse, me gloriaré en lo que es de mi debilidad. (2 Corintios 11.23–30)

Por todos lados nos presionan las dificultades, pero no nos aplastan. Estamos perplejos pero no caemos en la desesperación. Somos perseguidos pero nunca abandonados por Dios. Somos derribados, pero no destruidos. Mediante el sufrimiento, nuestro cuerpo sigue participando de la muerte de Jesús, para que la vida de Jesús también pueda verse en nuestro cuerpo. (2 Corintios 4.8–10, NTV)

Conversen en equipo sobre cómo van a cultivar y fomentar el compromiso en el ministerio que están realizando, cómo van a expandirse a través de la multiplicación de lo que son y hacen, y cómo pueden tener mayor unidad a través de la dirección, decisión, dedicación y disponibilidad de los miembros del equipo. Hagan una lista de lo que van a hacer y planifíquenla en una agenda mensual y anual, para que no sean solo palabras, sino acciones a cumplir.

CAPÍTULO 4

El equipo y su competencia

VIVIR Y OBRAR CON CAPACIDAD

*Y tal confianza tenemos mediante Cristo para con Dios; no que seamos
competentes por nosotros mismos para pensar algo como de nosotros
mismos, sino que nuestra competencia proviene de Dios, el cual
asimismo nos hizo ministros competentes de un nuevo pacto.*

—2 Corintios 3.4–6

*Nadie puede llegar a la cima armado solo de su talento. Dios da el
talento; el trabajo transforma el talento en genio.*

—Anna Pavlova, bailarina rusa[1]

L a COMPETENCIA le da al equipo la habilidad de Dios. *Es suficiencia en conocimiento y habilidad para realizar la tarea en completa dependencia de Dios.*

Si la competencia se define como la pericia, la aptitud, la idoneidad para hacer algo, entonces estamos de acuerdo en que para tal competencia se necesita conocimiento y habilidad. Pero si esa competencia manifiesta la habilidad de Dios a través de uno, entonces se necesita agregar el reconocimiento de esa dependencia de Dios.

Conocimiento. Es la teoría del trabajo. Es entender, saber, comprender el asunto que nos compete. Cuando decimos que alguien conoce algo en particular, estamos diciendo que entiende muy bien sobre el tema. Alguien que tiene conocimiento de algo es porque se ha tomado el tiempo para averiguar, por el ejercicio de sus facultades intelectuales, la naturaleza, las cualidades y las relaciones de todo lo que tiene que ver con el asunto o la tarea.

Habilidad. Es la práctica del trabajo. Es la gracia, la capacidad, la destreza para ejecutar algo. Cuando decimos que alguien es hábil, estamos indicando que es capaz y apto para la ejecución de un oficio, una tarea, un ministerio. Alguien tiene la habilidad para hacer algo porque ha sido provisto con las capacidades, los talentos, los dones necesarios, y ha dedicado tiempo a ejercitar esas capacidades y aptitudes en dicho asunto.

Ahora bien, para un equipo ministerial, es decir, para un grupo de personas organizadas y trabajando juntas en el servicio a Dios, la competencia solo se alcanza cuando los conocimientos y las habilidades de los individuos y el grupo se rinden completamente al conocimiento y la habilidad de Dios. A esto le llamamos «reconocimiento», el tercer elemento de la competencia.

Reconocimiento. Es la sabiduría del trabajo. Es confesar con cierta difusión la dependencia y subordinación en que se está con respecto a alguien. En el caso de un equipo ministerial, es la confesión pública, en palabras y hechos, de la dependencia de Dios. Alguien que reconoce su dependencia de Dios sabe decir como el apóstol Pablo: «No que seamos competentes por nosotros mismos para pensar algo como de nosotros mismos, sino que nuestra competencia proviene de Dios».

Cuando la realización de la tarea asignada constituye la suma del conocimiento, la habilidad y el reconocimiento, entonces el resultado es la excelencia que combina el corazón y el talento que muestra la gloria de Dios.

Excelencia es la cualidad de magnífico. Según el diccionario, *excelente* quiere decir: «que sobresale en bondad, mérito o estimación».[2] Se refiere a algo que es superior en calidad o bondad, y que se hace digno de singular aprecio y estimación. Un talento o cualidad de lo que es extraordinariamente bueno y también de lo que excede las normas ordinarias.

Si hablamos de la excelencia como resultado de combinar el corazón y el talento, entonces estamos hablando de cierto grado de madurez en quien posea algún grado de talento o capacidad que excede las normas ordinarias. La habilidad le envía el mensaje a quien la posee de que es superior a otros. Por eso es tan importante que el que posee habilidad tenga también un corazón humilde y aprenda a no tener más alto concepto de sí mismo que el que debe tener.

Cuando la humildad no está presente para contener la habilidad, entonces la excelencia manifestada señala la miserable gloria del hombre en lugar de la grandiosa gloria de Dios. Es que en el ministerio no se trata simplemente de hacer las cosas bien, sino de hacerlas para dirigir las miradas del ser humano hacia Dios y que en consecuencia ellos puedan contemplar su gloria y conocer la excelencia de su carácter, la grandeza de su poder y la perfección de todos sus atributos.

LEA • REFLEXIONE • CONVERSE

Al leer los siguientes pasajes de la Escritura, reflexione sobre competencia y excelencia, sobre habilidad y humildad. Escriba lo que Dios le está hablando, así como las decisiones que está tomando para hacer su tarea en el ministerio y dirigir las miradas de los demás hacia la gloria de Dios.

Conversen en grupo acerca de lo que Dios les ha hablado a cada uno y las decisiones a implementar.

Todo sabio de corazón de entre vosotros vendrá y hará todas las cosas que Jehová ha mandado [...] Y dijo Moisés a los hijos de Israel: Mirad, Jehová ha nombrado a Bezaleel hijo de Uri, hijo de Hur, de la tribu de Judá; y lo ha llenado del Espíritu de Dios, en sabiduría, en inteligencia, en ciencia y en todo arte, para proyectar diseños, para trabajar en oro, en plata y en bronce, y en la talla de piedras de engaste, y en obra de madera, para trabajar en toda labor ingeniosa. Y ha puesto en su corazón el que pueda enseñar, así él como Aholiab hijo de Ahisamac, de la tribu de Dan; y los ha llenado de sabiduría de corazón, para que hagan toda obra de arte y de invención, y de bordado en azul, en púrpura, en carmesí, en lino fino y en telar, para que hagan toda labor, e inventen todo diseño [...] Así, pues, Bezaleel y Aholiab, y todo hombre sabio de corazón a quien Jehová dio sabiduría e inteligencia para saber hacer toda la obra del servicio del santuario, harán todas las cosas que ha mandado Jehová. Y Moisés llamó a Bezaleel y a Aholiab y a todo varón sabio de corazón, en cuyo corazón había puesto Jehová sabiduría, todo hombre a quien su corazón le movió a venir a la obra para trabajar en ella [...] Todos los sabios de corazón de entre los que hacían la obra, hicieron el tabernáculo de diez cortinas de lino torcido, azul, púrpura y carmesí; las hicieron con querubines de obra primorosa. (Éxodo 35.10, 30–35; 36.1–2, 8)

Alegraos, oh justos, en Jehová; en los íntegros es hermosa la alabanza. Aclamad a Jehová con arpa; cantadle con salterio y decacordio. Cantadle cántico nuevo; hacedlo bien, tañendo con júbilo. (Salmos 33.1–3)

Digo, pues, por la gracia que me es dada, a cada cual que está entre vosotros, que no tenga más alto concepto de sí que el que debe tener, sino que piense de sí con cordura, conforme a la medida de fe que Dios repartió a cada uno. (Romanos 12.3)

> Pero por la gracia de Dios soy lo que soy; y su gracia no ha sido en vano para conmigo, antes he trabajado más que todos ellos; pero no yo, sino la gracia de Dios conmigo. (1 Corintios 15.10)
>
> Estamos seguros de todo esto debido a la gran confianza que tenemos en Dios por medio de Cristo. No es que pensemos que estamos capacitados para hacer algo por nuestra propia cuenta. Nuestra aptitud proviene de Dios. Él nos capacitó para que seamos ministros de su nuevo pacto. Este no es un pacto de leyes escritas, sino del Espíritu. El antiguo pacto escrito termina en muerte; pero, de acuerdo con el nuevo pacto, el Espíritu da vida. (2 Corintios 3.4–6, NTV)
>
> Y para que la grandeza de las revelaciones no me exaltase desmedidamente, me fue dado un aguijón en mi carne, un mensajero de Satanás que me abofetee, para que no me enaltezca sobremanera; respecto a lo cual tres veces he rogado al Señor, que lo quite de mí. Y me ha dicho: Bástate mi gracia; porque mi poder se perfecciona en la debilidad. Por tanto, de buena gana me gloriaré más bien en mis debilidades, para que repose sobre mí el poder de Cristo. Por lo cual, por amor a Cristo me gozo en las debilidades, en afrentas, en necesidades, en persecuciones, en angustias; porque cuando soy débil, entonces soy fuerte. (2 Corintios 12.7–10)

Unción

La unción es lo que Dios da.

Es lo que Dios deposita y manifiesta en mi persona y a través de mi persona. Es la presencia y la obra del Espíritu Santo proveyendo la habilidad y la capacidad de ser y hacer lo que no se puede ser ni hacer por habilidad y capacidad propias. Las tres dimensiones de la unción son:

1. **Personal.** Es la presencia y la obra del Espíritu Santo en la vida del creyente guiándole al conocimiento de la verdad y al señorío de Jesús sobre su vida. El fruto del Espíritu es la prueba irrefutable de que el creyente se ha rendido a esta dimensión de

la unción. «Pero vosotros tenéis la unción del Santo, y conocéis todas las cosas» (1 Juan 2.20).

2. **Ministerial.** Es la presencia y la obra del Espíritu Santo manifestándose a través de la vida del creyente para ministrar y edificar a los demás. Los dones del Espíritu operando manifiestan que el creyente se ha rendido a esta dimensión de la unción. «El Espíritu del Señor está sobre mí, por cuanto me ha ungido para dar [...] sanar [...] poner en libertad [...] predicar» (Lucas 4.18–19).

3. **Particular.** Es la presencia y la obra del Espíritu Santo manifestada en la vida y a través del ministerio del creyente de forma soberana, permitiendo que ocurran hechos sobrenaturales únicos y particulares como señal y testimonio de la presencia y la obra de Dios. Es en esta dimensión de la unción donde se cometen los mayores errores, ya que los que sirven al Señor en la iglesia tienden a copiar o procurar que ocurran las señales o manifestaciones que son particulares de otros ministerios. Por ejemplo, cuando oramos por los enfermos esperamos que se caigan, cuando solo deberíamos esperar que se sanen. Que los enfermos se caigan al recibir un toque de Dios es la particularidad de algunos ministerios, pero no necesariamente debe ser así en todos los demás. Si Dios quiere que se caigan, que vuelen o que lloren, será por su toque distintivo al obrar a través de determinados siervos, pero cuando oramos por los enfermos lo que debemos esperar es que los dones de sanidad operen para liberación de los individuos.

Un ejemplo claro de esto se aprecia a partir de lo que Dios hizo a través de Pablo en Éfeso: «En la ciudad de Éfeso, Dios hizo grandes milagros por medio

> ## La competencia
> Se adquiere y se manifiesta con la unción que Dios da, con las experiencias que Dios provoca y permite en nuestras vidas, con la disposición de aprender y con la concentración que uno debe poner día a día para crecer y mejorar.

de Pablo. La gente llevaba los pañuelos o la ropa que Pablo había tocado, y los ponía sobre los enfermos, y ellos se sanaban. También ponían pañuelos sobre los que tenían espíritus malos, y los espíritus salían de esas personas» (Hechos 19.11–12, TLA).

¿Este pasaje me da una base bíblica para vender paños ungidos? No. Solo me dice que Dios es soberano y hace lo que Él quiere, y ya.

Otro ejemplo es lo que ocurrió con Pedro en el gran avivamiento de Jerusalén: «Y los que creían en el Señor aumentaban más, gran número así de hombres como de mujeres; tanto que sacaban los enfermos a las calles, y los ponían en camas y lechos, para que al pasar Pedro, a lo menos su sombra cayese sobre alguno de ellos. Y aun de las ciudades vecinas muchos venían a Jerusalén, trayendo enfermos y atormentados de espíritus inmundos; y todos eran sanados» (Hechos 5.14–16).

¿Este pasaje me autoriza a pasar mi sombra sobre los enfermos y esperar que ellos se sanen? No. Solo se trata de la presencia y la obra del Espíritu Santo manifestada en la vida y a través del ministerio del apóstol Pedro de forma soberana, permitiendo que ocurrieran hechos sobrenaturales únicos y particulares, como señal y testimonio de la presencia y la obra de Dios a través de su vida y el ministerio de la iglesia en Jerusalén.

LEA • REFLEXIONE • CONVERSE

Al leer los siguientes pasajes de la Escritura, reflexione sobre la unción y escriba lo que Dios le está hablando y qué decisiones está tomando para servir en el ministerio manifestando la unción de Dios.

Conversen en grupo acerca de lo que Dios les ha hablado a cada uno y las decisiones a implementar.

Pero vosotros tenéis la unción del Santo, y conocéis todas las cosas. No os he escrito como si ignoraseis la verdad, sino porque la conocéis, y porque ninguna mentira procede de la verdad [...] Lo que habéis oído desde el principio, permanezca en vosotros. Si lo que habéis oído desde el principio permanece en vosotros, también vosotros permaneceréis en el Hijo y en el Padre. Y esta es la promesa que él nos hizo, la vida eterna. Os he escrito esto sobre los que os engañan. Pero la unción que vosotros recibisteis de él permanece en vosotros, y no tenéis necesidad de que nadie os enseñe; así como la unción misma os enseña todas las cosas, y es verdadera, y no es mentira, según ella os ha enseñado, permaneced en él. (1 Juan 2.20–27)

El Espíritu del Señor está sobre mí, por cuanto me ha ungido para dar buenas nuevas a los pobres; me ha enviado a sanar a los quebrantados de corazón; a pregonar libertad a los cautivos, y vista a los ciegos; a poner en libertad a los oprimidos; a predicar el año agradable del Señor. (Lucas 4.18–19)

Porque Juan ciertamente bautizó con agua, mas vosotros seréis bautizados con el Espíritu Santo dentro de no muchos días [...] pero recibiréis poder, cuando haya venido sobre vosotros el Espíritu Santo, y me seréis testigos en Jerusalén, en toda Judea, en Samaria, y hasta lo último de la tierra. (Hechos 1.5, 8)

Y fueron todos llenos del Espíritu Santo, y comenzaron a hablar en otras lenguas, según el Espíritu les daba que hablasen. (Hechos 2.4)

Cuando hubieron orado, el lugar en que estaban congregados tembló; y todos fueron llenos del Espíritu Santo, y hablaban con denuedo la palabra de Dios. (Hechos 4.31)

Vosotros sabéis lo que se divulgó por toda Judea, comenzando desde Galilea, después del bautismo que predicó Juan: cómo Dios ungió con el Espíritu Santo y con poder a Jesús de Nazaret, y cómo éste anduvo haciendo bienes y sanando a todos los oprimidos por el diablo, porque Dios estaba con él. Y nosotros somos testigos de todas las cosas que Jesús hizo en la tierra de Judea y en Jerusalén; a quien mataron colgándole en un madero. (Hechos 10.37–39)

Los que pertenecen a la iglesia pueden tener distintas capacidades, pero todas ellas las da el mismo Espíritu. Se puede servir al Señor Jesús de distintas maneras, pero todos sirven al mismo Señor. Se pueden realizar distintas actividades, pero es el mismo Dios quien da a cada uno la habilidad de hacerlas. Dios nos enseña que, cuando el Espíritu Santo nos da alguna capacidad especial, lo hace para que procuremos el bien de los demás. A algunos, el Espíritu les da la capacidad de hablar con sabiduría, a otros les da la capacidad de hablar con mucho conocimiento, a otros les da una gran confianza en Dios, y a otros les da el poder de sanar a los enfermos. Algunos reciben el poder de hacer milagros, y otros reciben la autoridad de hablar de parte de Dios. Unos tienen la capacidad de reconocer al Espíritu de Dios, y de descubrir a los espíritus falsos. Algunos pueden hablar en idiomas desconocidos, y otros pueden entender lo que se dice en esos idiomas. Pero es el Espíritu Santo mismo el que hace todo esto, y el que decide qué capacidad darle a cada uno. (1 Corintios 12.4–11, TLA)

Experiencias

Dios permite las experiencias para la formación personal.

Las experiencias son aquellos momentos que Dios permite en la vida de los que le sirven para su formación personal. Pablo dijo: «Sabemos que Dios va preparando todo para el bien de los que le aman, es decir, de los que él ha llamado de acuerdo con su plan» (Romanos 8.28, TLA).

Amado Nervo, escritor y diplomático mexicano, expresó en el poema titulado «Plenitud»: «¿Por qué aguardas con impaciencia las cosas? Si son inútiles para tu vida, inútil es también aguardarlas. Si son necesarias, ellas vendrán y vendrán a tiempo».[3]

Cuando hablamos de experiencias estamos refiriéndonos al hecho de haber sentido, conocido, presenciado y vivido. Es decir, circunstancias o acontecimientos que proporcionan elementos emocionales y cognoscitivos que son incorporados al alma, la memoria y los sentidos. Así podemos decir que las experiencias son de diferente naturaleza, algunas son difíciles, otras son relacionales, otras son sobrenaturales y otras son laborales.

Las **experiencias difíciles** son esas situaciones adversas y desfavorables en las que enfrentamos dolor, desilusión, disgusto o aflicción. Son esa clase de crisis y tribulaciones que nos superan y que solo se atraviesan de forma exitosa cuando confiamos en Dios y experimentamos su consuelo y fortaleza.

Las **experiencias relacionales** tienen que ver con las personas que conocemos o con quienes nos cruzamos, conectamos y nos relacionamos a lo largo de la vida; las personas que, a través de sus palabras, actitudes y acciones dejan una huella en nuestro pasado, impactan nuestro presente e influencian nuestro futuro. Algunas de esas relaciones son a largo plazo, como las que empiezan en la niñez y nos acompañan toda la vida. Otras relaciones son temporales y circunstanciales. Algunas de estas personas son familiares, otros amigos, otros seguidores, y otros quizás han decidido ser nuestros enemigos. Con algunas tuvimos conversaciones y sus palabras nos confrontaron o nos hicieron reflexionar; o quizás creyeron en nosotros y nuestro llamado y lo celebraron y nos apoyaron. Tal vez nos acompañaron en algún viaje o nos ayudaron en alguna tarea o compartieron mucho tiempo con nosotros; o simplemente han sido «una piedra en el zapato» o han procurado nuestro mal.

Las **experiencias sobrenaturales** son aquellas en las que hay una intervención directa de Dios en un escenario o una circunstancia completamente natural, operando un milagro o un acontecimiento que claramente supera los límites de lo natural. Tales experiencias tienen impacto en nuestra forma de ver y percibir la presencia activa e inmanente de Dios en nuestro mundo natural, así como también nos dan dirección y formación directa de Dios para la tarea a realizar.

Las **experiencias laborales/ministeriales** se refieren a esos momentos en los que estamos trabajando, sea como ministros del templo o como ministros en alguna esfera de la sociedad, y ocurren ciertas cosas que afectan nuestra forma de ver o hacer el trabajo asignado. Son esas experiencias en las que hacemos algo mal o bien, o simplemente hacemos el trabajo; o son aquellas en las que Dios interrumpe nuestra tarea y lleva nuestro mejor esfuerzo a la dimensión de su gracia.

Estas clases de experiencias tienen algo en común. Nos aportan conocimientos y emociones que incorporamos a nuestra historia y nuestro ser y que nos hacen competentes para el llamado que Dios nos dio. Es decir, nos han hecho crecer como individuos y nos han ayudado en nuestras capacidades como ministros y siervos de Dios en el ministerio que realizamos.

Estas experiencias nos enseñan a confiar en Dios en el diario vivir y además nos hacen competentes emocional y espiritualmente para ministrar a los demás. Cuando creemos que todas estas experiencias son permitidas por Dios para nuestro bien, entonces en todas ellas crecemos como personas, aprendemos como ministros y adquirimos pericia como trabajadores.

LEA • REFLEXIONE • CONVERSE

Al leer los siguientes pasajes de la Escritura, reflexione sobre las experiencias vividas y lo que le aportaron como persona y como ministro. Escriba lo que Dios le está hablando, así como las decisiones que está tomando para que las experiencias, pasadas y futuras, sean de formación, y no de destrucción, para usted como persona y como ministro.

Conversen en grupo acerca de lo que Dios les ha hablado a cada uno y sobre las decisiones a implementar.

Experiencias difíciles

Bendito sea el Dios y Padre de nuestro Señor Jesucristo, Padre de misericordias y Dios de toda consolación, el cual nos consuela en todas nuestras tribulaciones, para que podamos también nosotros consolar a los que están en cualquier tribulación, por medio de la consolación con que nosotros somos consolados por Dios. Porque de la manera que abundan en nosotros las aflicciones de Cristo, así abunda también por el mismo Cristo nuestra consolación. Pero si somos atribulados, es para vuestra consolación y salvación; o si somos consolados, es para vuestra consolación y salvación, la cual se opera en el sufrir las mismas aflicciones que nosotros también padecemos. Y nuestra esperanza respecto de vosotros es firme, pues sabemos que así como sois compañeros en las aflicciones, también lo sois en la consolación. Porque hermanos, no queremos que ignoréis acerca de nuestra tribulación que nos sobrevino en Asia; pues fuimos abrumados sobremanera más allá de nuestras fuerzas, de tal modo que aun perdimos la esperanza de conservar la vida. Pero tuvimos en nosotros mismos sentencia de muerte, para que no confiásemos en nosotros mismos, sino en Dios que resucita a los muertos; el cual nos libró, y nos libra, y en quien esperamos que aún nos librará, de tan gran muerte. (2 Corintios 1.3–10)

Experiencias relacionales

Para afilar el hierro, la lima; para ser mejor persona, el amigo. (Proverbios 27.17, TLA)

Cuando llegó a Jerusalén, trataba de juntarse con los discípulos; pero todos le tenían miedo, no creyendo que fuese discípulo. Entonces Bernabé, tomándole, lo trajo a los apóstoles, y les contó cómo Saulo había visto en el camino al Señor, el cual le había hablado, y cómo en Damasco había hablado valerosamente en el nombre de Jesús. (Hechos 9.26–27)

Aconteció que cuando él hubo acabado de hablar con Saúl, el alma de Jonatán quedó ligada con la de David, y lo amó Jonatán como a sí mismo. Y Saúl le tomó aquel día, y no le dejó volver a casa de su padre. E hicieron pacto Jonatán y David, porque él le amaba como a sí mismo. Y Jonatán se quitó el manto que llevaba, y se lo dio a David, y otras ropas suyas, hasta su espada, su arco y su talabarte [...] Habló Saúl a Jonatán su hijo, y a todos sus siervos, para que matasen a David; pero Jonatán hijo de Saúl amaba a David en gran manera, y dio aviso a David, diciendo: Saúl mi padre procura matarte; por tanto cuídate hasta la mañana, y estate en lugar oculto y escóndete. Y yo saldré y estaré junto a mi padre en el campo donde estés; y hablaré de ti a mi padre, y te haré saber lo que haya. (1 Samuel 18.1–4; 19.1–3)

Experiencias sobrenaturales

Y atravesando [...] les fue prohibido por el Espíritu Santo hablar la palabra en Asia; y cuando llegaron a [...] intentaron ir a [...] pero el Espíritu no se lo permitió. Y pasando junto a [...] descendieron a [...] Y se le mostró a Pablo una visión de noche [...] Cuando vio la visión, en seguida procuramos partir para Macedonia, dando por cierto que Dios nos llamaba para que les anunciáramos el evangelio. (Hechos 16.6–10)

Entonces el Señor dijo a Pablo en visión de noche: No temas, sino habla, y no calles; porque yo estoy contigo, y ninguno pondrá sobre ti la mano para hacerte mal, porque yo tengo mucho pueblo en esta ciudad. (Hechos 18.9–10)

Porque esta noche ha estado conmigo el ángel del Dios de quien soy y a quien sirvo, diciendo: Pablo, no temas; es necesario que comparezcas ante Cesar. (Hechos 27.23–24)

Y entrando él en la barca, sus discípulos le siguieron. Y he aquí que se levantó en el mar una tempestad tan grande que las olas cubrían la barca; pero él dormía. Y vinieron sus discípulos y le despertaron, diciendo: ¡Señor, sálvanos, que perecemos! Él les dijo: ¿Por qué teméis, hombres de poca fe? Entonces, levantándose, reprendió a los vientos y al mar; y se hizo grande bonanza. Y los hombres se maravillaron, diciendo: ¿Qué hombre es éste, que aun los vientos y el mar le obedecen? (Mateo 8.23–27)

Experiencias laborales/ministeriales
Mientras aún hablaba Pedro estas palabras, el Espíritu Santo cayó sobre todos los que oían el discurso. Y los fieles de la circuncisión que habían venido con Pedro se quedaron atónitos de que también sobre los gentiles se derramase el don del Espíritu Santo. (Hechos 10.44–45)

Cuando alzó Jesús los ojos, y vio que había venido a él gran multitud, dijo a Felipe: ¿De dónde compraremos pan para que coman éstos? Pero esto decía para probarle; porque él sabía lo que había de hacer. Felipe le respondió: Doscientos denarios de pan no bastarían para que cada uno de ellos tomase un poco. Uno de sus discípulos, Andrés, hermano de Simón Pedro, le dijo: Aquí está un muchacho, que tiene cinco panes de cebada y dos pececillos; mas ¿qué es esto para tantos? Entonces Jesús dijo: Haced recostar la gente. Y había mucha hierba en aquel lugar; y se recostaron como en número de cinco mil varones. Y tomó Jesús aquellos panes, y habiendo dado gracias, los repartió entre los discípulos, y los discípulos entre los que estaban recostados; asimismo de los peces, cuanto querían. Y cuando se hubieron saciado, dijo a sus discípulos: Recoged los pedazos que sobraron, para que no se pierda nada. Recogieron, pues, y llenaron doce cestas de pedazos, que de los cinco panes de cebada sobraron a los que habían comido. Aquellos hombres entonces, viendo la señal que Jesús había hecho, dijeron: Este verdaderamente es el profeta que había de venir al mundo. (Juan 6.5–14)

Aprendizaje

El aprendizaje es el proceso mediante el cual estoy dispuesto a aprender y crecer.

Aprendizaje es la «adquisición de conocimientos, especialmente en algún arte u oficio».[4] Es la «adquisición por la práctica de una conducta duradera».[5] Así que, cuando consideramos el aprendizaje como uno de los elementos que nos hacen competentes, lo que estamos mirando es esa área de nuestra formación personal y como equipo en la cual adquirimos el conocimiento y las conductas que nos hacen hábiles para la tarea asignada. El aprendizaje tiene que ver con la disposición de aprender para crecer y saber hacer, de tal manera que se produce un cambio en el individuo. Es aquí donde comienzan los cambios genuinos en un equipo y una comunidad, cuando pensamos en cambiar nosotros mismos antes de querer cambiar al mundo.

Aprender debería ser una actitud y una constante como individuos y como equipo si queremos ser fructíferos en lo que hacemos. El día que dejamos de aprender es el día en que comenzamos el camino al fracaso y lo infructuoso como ministros y como ministerios.

Todo equipo ministerial necesita aprender a desarrollar una actitud de aprendizaje como grupo para seguir creciendo y no estancarse. El mundo está cambiando permanentemente. Las necesidades de las personas están cambiando de manera constante. Por ende, la forma de hacer ministerio va sufriendo cambios. Algunas veces estos cambios pueden ser rápidos y otras veces lentos y fragmentarios. Pero ya sea en forma lenta o rápida, en gran magnitud o en menos cuantía, los ministerios que son fructíferos y efectivos se están transformando constantemente, y para ello siempre están aprendiendo.

En el libro *Líderes, las cuatro claves del liderazgo eficaz*[6] los autores Bennis y Nanus hablan de dos tipos de aprendizajes que toda organización necesita tener en cuenta, y que me gustaría sugerir para todo equipo ministerial aprendiz. Primero hablan del aprendizaje de mantenimiento, que es el que adquiere panoramas fijos, métodos y reglas para manejar situaciones conocidas y recurrentes. Es el tipo de aprendizaje diseñado para conservar un sistema existente o estilo de vida establecido, en el que el desempeño actual se compara con el pasado. La acción correctiva es diseñada para manejar las debilidades y fracasos percibidos. Este tipo de aprendizaje es indispensable para el funcionamiento y la estabilidad de toda comunidad.

Sin embargo, ellos también hablan del aprendizaje innovador. Este tipo de aprendizaje trata con los temas emergentes y puede producir cambios, renovación, reestructuración y reformulación de problemas. Para épocas de disturbios, cambio o discontinuidad, así como en situaciones desconocidas, se necesita este tipo de aprendizaje. Este es el tipo de aprendizaje que le da vida a la organización a largo plazo. En el aprendizaje innovador el desempeño actual se compara con el que pudo haber sido o con el que podría ser. Se diseña la acción correctiva para desarrollar fortalezas y nuevas oportunidades.

LEA • REFLEXIONE • CONVERSE

Al leer los siguientes pasajes de la Escritura, reflexione sobre la disposición de Apolo para aprender y sobre cómo Jesús fue hecho apto para ser un Sumo Sacerdote perfecto, y por qué los creyentes receptores de la carta a los Hebreos no pueden recibir más de lo que Dios les quiere dar. Escriba lo que Dios le está hablando, así como las decisiones que está tomando para estar siempre dispuesto a aprender y crecer.

Conversen en grupo sobre lo que Dios les ha hablado a cada uno y las decisiones a implementar.

Al reflexionar como equipo ministerial sobre el aprendizaje de mantenimiento y el aprendizaje innovador, hagan una lista de aquellas tareas que son parte de su rutina como ministerio, y conversen sobre el tipo de aprendizaje que necesitan en cada una de ellas y por qué.

Llegó a la ciudad de Éfeso [...] Apolo [...] [él] conocía mucho de la Biblia. Apolo sabía también algo acerca de Jesús [...] Sin embargo, [del bautismo] conocía solamente lo que Juan el Bautista había anunciado. Un día Apolo, confiado en sus conocimientos, comenzó a hablarle a la gente que estaba en la sinagoga. Pero cuando Priscila y Aquila lo escucharon, lo llevaron a su casa y le explicaron en forma más clara y directa el mensaje de Dios. (Hechos 18.24–26, TLA)

Mientras estuvo aquí en la tierra, Jesús ofreció oraciones y súplicas con gran clamor y lágrimas al que podía rescatarlo de la muerte. Y Dios oyó sus oraciones por la gran reverencia que Jesús le tenía. Aunque era Hijo de Dios, Jesús aprendió obediencia por las cosas que sufrió. De ese modo, Dios lo hizo apto para ser el Sumo Sacerdote perfecto, y Jesús llegó a ser la fuente de salvación eterna para todos los que le obedecen. Y Dios lo designó Sumo Sacerdote según el orden de Melquisedec. Nos gustaría decir mucho más sobre este tema, pero es difícil de explicar, sobre todo porque ustedes son torpes espiritualmente y tal parece que no escuchan. Hace tanto que son creyentes que ya deberían estar enseñando a otros. En cambio, necesitan que alguien vuelva a enseñarles las cosas básicas de la palabra de Dios. Son como niños pequeños que necesitan leche y no pueden comer alimento sólido. Pues el que se alimenta de leche sigue siendo bebé y no sabe cómo hacer lo correcto. El alimento sólido es para los que son maduros, los que a fuerza de práctica están capacitados para distinguir entre lo bueno y lo malo. (Hebreos 5.7–14, NTV)

Concentración

La concentración es enfocarme en mis fortalezas.

Tiene que ver con lo que debo mejorar en relación con mis fortalezas. La clave para poder concentrarnos es entender en qué debemos invertir nuestro enfoque, tiempo y esfuerzo. Andy Stanley, en su libro *El líder de la próxima generación*, escribió:

Como líder joven, mi mayor error fue permitir que me consumieran el tiempo ciertas cosas que estaban fuera de mi competencia. Durante mis primeros siete años en el ministerio le dediqué una cantidad desmesurada de tiempo a hacer cosas para las que no era bueno, cosas para las que nunca seré bueno. Al mismo tiempo, invertí muy poca energía en desarrollar mis puntos fuertes [...] El problema era que en algún punto del camino me había tragado el mito de que un buen líder tiene que ser bueno en todo. Por lo tanto, actuaba bajo la suposición de que debía convertir mis debilidades en puntos fuertes. Al fin y al cabo, ¿quién iba a seguir a un líder que no fuera bueno en todo?[7]

Buckingham y Clifton, en su libro *Ahora, descubra sus fortalezas*,[8] explican que para sobresalir en el campo de trabajo que hemos elegido, y encontrar satisfacción verdadera en este, cada uno debe comprender sus patrones singulares y convertirse en un experto en descubrir, describir, aplicar, practicar y pulir sus fortalezas. Tomando como base la información que la agencia Gallup obtuvo durante tres décadas de investigaciones sobre cómo aprovechar al máximo el potencial de una persona, y la información de las entrevistas que su propia compañía hizo a ochenta mil gerentes de cientos de organizaciones en el mundo, llegaron a la conclusión de que el fracaso de la mayoría de las organizaciones que iban en picada, y que por consiguiente no sacaban el máximo provecho de las fortalezas de sus empleados, se debía a que estaban construidas «alrededor de dos premisas equivocadas con respecto a las personas:

1. Cada persona puede aprender a ser competente prácticamente en cualquier cosa.
2. El mayor espacio que tiene una persona para crecer es en aquellos campos donde es más débil».[9]

Las organizaciones basadas en este tipo de premisas jamás podrán aprovechar las fortalezas de cada uno de sus empleados. Por eso en su libro afirman que a fin de escapar de esta caída en picada y lanzar la revolución de las fortalezas en una organización se tienen que cambiar estas premisas acerca de las personas. Según Buckingham «las siguientes son las dos premisas sobre las cuales se basan los mejores gerentes del mundo:

1. Los talentos de cada persona son permanentes y únicos.
2. El mayor potencial de una persona para crecer está en aquellos campos donde sus fortalezas son mayores».[10]

A fin de darles claridad a estas dos premisas agrega una definición para la palabra *talento* y otra para *fortaleza*. *Fortaleza* se define como «el desempeño consistentemente casi perfecto en una actividad».[11] Y *talento* como «cualquier patrón recurrente de pensamiento, sentimiento o comportamiento que se pueda aplicar productivamente».[12]

Luego de definir la fortaleza así, Buckingham y Clifton revelan «tres de los principios más importantes para vivir una vida sólida y productiva [...]:

1. Para que una actividad sea una fortaleza es necesario poder realizarla de manera constante [...]
2. Para sobresalir no es necesario tener fortaleza en todos los aspectos del rol que uno desempeña [...]
3. Sobresalir es posible sólo cuando se optimizan las fortalezas, no cuando se afianzan las debilidades».[13]

Ahora bien, partiendo de este concepto de las fortalezas de Buckingham, propongo que la competencia es el resultado de la unción de Dios que nos equipa con los dones del Espíritu y las experiencias de la vida que Él utiliza para moldearnos, como la mano del alfarero que va dándole forma y diseño a la vasija que será usada en la casa.

Pero a la unción y a la experiencia hay que agregarles las virtudes del aprendizaje y la concentración, que son los catalizadores que en la práctica dan como resultado la competencia.

Aprendizaje, porque se necesita aprender a educarse, a observar, a prestar atención, a escuchar y a aplicar las lecciones que en el camino se van recibiendo, así como también se necesita aprender a leer el contexto social y real para saber cómo posicionarse como líder, equipo y ministerio para dar las respuestas de Dios a esa realidad.

Concentración, porque si se tiene la capacidad de enfocarse en mejorar las habilidades y fortalezas que se poseen, al mismo tiempo que se tiene la fuerza emocional de resistir la tentación de querer saber hacer un poco de todo, y poco de nada, siendo intencional en buscar experiencia y pericia en aquello en lo que se es fuerte y que seguramente bien hecho puede contribuir con grandes frutos a la tarea del ministerio y al reino de los cielos, entonces se encontrarán nuevos niveles de la excelencia que glorifiquen a Dios en la tarea asignada y realizada.

Aquí es donde entra en juego la honestidad para aceptar que algo le puede gustar y atraer, pero no necesariamente es un talento y una fortaleza en el individuo, dejando de insistir en ser y hacer algo para lo cual no está diseñado. Mientras se insiste en serlo o hacerlo, siempre se aportará mediocridad al equipo y al ministerio.

Para este tipo de concentración se necesita un alto grado de humildad y dependencia de otros con el fin de ser complementado en lo que se es y en lo que se hace.

LEA • REFLEXIONE • CONVERSE

Al leer los siguientes pasajes de la Escritura, reflexione sobre los elementos o principios dentro de las siguientes declaraciones bíblicas que contribuyen a la concentración a favor del desarrollo de las fortalezas. Escriba lo que Dios le está hablando, así como las decisiones que está tomando para optimizar sus fortalezas.

Conversen en grupo acerca de lo que Dios les ha hablado a cada uno y sobre las decisiones a implementar.

A continuación hay algunas de las partes que Dios ha designado para la iglesia: en primer lugar, los apóstoles; en segundo lugar, los profetas; en tercer lugar, los maestros; luego los que hacen milagros, los que tienen el don de sanidad, los que pueden ayudar a otros, los que tienen el don de liderazgo, los que hablan en idiomas desconocidos. ¿Acaso somos todos apóstoles? ¿Somos todos profetas? ¿Somos todos maestros? ¿Tenemos todos el poder de hacer milagros? ¿Tenemos todos el don de sanidad? ¿Tenemos todos la capacidad de hablar en idiomas desconocidos? ¿Tenemos todos la capacidad de interpretar idiomas desconocidos? ¡Por supuesto que no! Por lo tanto, ustedes deberían desear encarecidamente los dones que son de más ayuda. (1 Corintios 12.28–31, NTV)

Si se usa un hacha sin filo hay que hacer doble esfuerzo, por lo tanto, afila la hoja. Ahí está el valor de la sabiduría: ayuda a tener éxito. (Eclesiastés 10.10, NTV)

Así que tengan cuidado de cómo viven. No vivan como necios sino como sabios. Saquen el mayor provecho de cada oportunidad en estos días malos. No actúen sin pensar, más bien procuren entender lo que el Señor quiere que hagan. (Efesios 5.15–17, NTV)

Vosotros también, poniendo toda diligencia por esto mismo, añadid a vuestra fe virtud; a la virtud, conocimiento; al conocimiento, dominio propio; al dominio propio, paciencia; a la paciencia, piedad; a la piedad, afecto fraternal; y al afecto fraternal, amor. Porque si estas cosas están en vosotros, y abundan, no os dejarán estar ociosos ni sin fruto en cuanto al conocimiento de nuestro Señor Jesucristo. (2 Pedro 1.5–8)

CAPÍTULO 5

El equipo y su coordinación

VIVIR Y OBRAR EN ORDEN

Pues Dios no es Dios de confusión, sino de paz [...] [Así que, hermanos,] hágase todo decentemente y con orden.

—1 Corintios 14.33, 40

Para tocar una melodía, los compañeros deben primero aprender a tocar en armonía.

—John Maxwell[1]

La COORDINACIÓN le da al equipo el orden de Dios. *Es disponer lo necesario procediendo con gran orden, concertando los esfuerzos y los medios disponibles para una acción común.* La coordinación es hacer las cosas a través de un conjunto de operaciones ordenadas, por medio de las cuales se pretende obtener un resultado. Es prestar atención al modo de obrar o proceder que tenemos y observamos en el trabajo en conjunto. Es la cualidad del equipo a través de la cual la competencia de sus miembros se armoniza de tal manera que forman un equipo competente. La coordinación es la organización corporal (institucional) y espiritual que trae el orden de Dios. Tal orden le permite al equipo crecer y ser edificado como el templo donde el Espíritu Santo pueda habitar, al mismo tiempo que avanza y lleva a cabo de forma completa la obra a realizar.

Al hablar de la iglesia, Pablo expresó: «Edificados sobre el fundamento de los apóstoles y profetas, siendo la principal piedra del ángulo Jesucristo mismo, en quien todo el edificio, bien coordinado, va creciendo para ser un templo santo en el Señor; en quien vosotros también sois juntamente edificados para morada de Dios en el Espíritu» (Efesios 2.20–22).

Rafael Porter, en su libro *Edificando para Dios*, hace un comentario con respecto a Nehemías. Dice que cuando el pueblo de Dios se estaba organizando para edificar el muro de Jerusalén, uno de los principios fue la coordinación: «Un factor esencial de la reconstrucción del muro fue la coordinación de los

La coordinación

Se manifiesta cuando en el equipo se comparte la misma visión y se valora la diversidad del grupo que integra ese equipo. Cuando eso es una realidad, el equipo encuentra salud y paz en su espacio de convivencia relacional, lo que permite que se identifique con claridad cuál es la posición y la función de cada uno, y se pongan de acuerdo en cómo realizarán el trabajo.

distintos aspectos del trabajo, de tal manera que todas las piezas se unieran bien para formar la obra completa, no podían dejar algo olvidado. Cada uno tenía que empezar sus labores precisamente donde el anterior terminaba».[2]

Compartir

Compartir es participar en la misma visión.

> Mirad, pues, con diligencia cómo andéis, no como necios sino como sabios, aprovechando bien el tiempo, porque los días son malos. Por tanto, no seáis insensatos, sino entendidos de cuál sea la voluntad del Señor. (Efesios 5.15–17)

Entendemos por visión la asignación de Dios para el ministerio y la iglesia local. Y también afirmamos que la visión que el equipo debe llevar a cabo no es la visión personal de un líder, aunque es la persona del líder la que recibe visión de parte de Dios para liderar a su pueblo. Lo que el equipo quiere hacer, y por lo que quiere trabajar, constituye la visión de Dios, aquello que Él desea que hagan. Por eso la Escritura dice: «Sus caminos notificó a Moisés, y a los hijos de Israel sus obras» (Salmos 103.7).

Esto es así porque Dios le muestra sus caminos al pastor del rebaño, al líder del equipo, y el pastor lidera el rebaño hacia la visión. El rebaño sigue al pastor, las ovejas son beneficiarias de las obras de Dios, y se cumple la Gran Comisión.

Cuando Dios le pide a Moisés que construyan el tabernáculo de reunión, nos revela la importancia de tener una misma visión, un mismo objetivo final, no solo en sus aspectos generales, también en sus detalles. El resultado final del trabajo de un equipo es ver manifestado en la realidad y en lo práctico y tangible lo que en principio era una idea, un sueño, una declaración escrita, una asignación de Dios para la iglesia, el ministerio, el equipo.

Imaginemos por un instante que Moisés viene y le dice al pueblo:

—Dios me pidió que le construyéramos un tabernáculo de reunión que tenga las siguientes medidas y colores, y que se construya con los siguientes materiales. Que para eso recaudemos una ofrenda.

Y que de pronto se levante alguien de la congregación y diga:

—A mí en lugar de un tabernáculo me gustaría construir una casa de rehabilitación para personas con adicciones, o una residencia para ancianos.

O quizás alguien diga:

—Sé que tenemos que construir el tabernáculo, pero en lugar de púrpura usemos el amarillo, porque a mí no me gusta el púrpura. ¿Podemos someterlo a votación?

¿Lo que esas personas del pueblo proponen es malo? No necesariamente. Lo que sí resulta verdadero es que esto no es lo que Dios le pidió a Moisés como líder del pueblo.

Lo cierto es que en toda iglesia local, todo ministerio y todo equipo ministerial, antes de iniciar sus funciones y trabajo, las personas deben estar de acuerdo en la visión, es decir, en la asignación de Dios para ellas. Deben encontrar un acuerdo general y saber qué es lo que Dios quiere que hagan, porque una vez que se inicia el trabajo, si ha de haber coordinación, es porque todos están construyendo lo mismo y no cada cual haciendo lo que mejor le parece o lo que más le gusta. Por eso Héctor Torres, en su libro *Liderazgo, ministerio y batalla*, escribe: «Donde hay más de una visión, hay división. Si no se tiene el mismo objetivo, no se puede trabajar en la misma obra».[3]

Claro está que toda visión que proviene de Dios a través del líder debe ser confirmada por el Espíritu Santo, la enseñanza de la Escritura y la conducción de esa iglesia, ministerio o equipo hacia el cumplimiento de la Gran Comisión.

Para eso se necesita que el líder y su equipo, así como el pueblo al que sirven, aprendan a discernir lo que es de Dios y lo que no es de Dios.

Tendrán que mostrar un solo sentir acerca de cuál es la asignación divina para ellos. Cada miembro del equipo debe sentir que su visión de la vida está ligada a, y complementa, la visión de la iglesia o el ministerio donde sirve.

LEA • REFLEXIONE • CONVERSE

Al leer en la Escritura el momento en que Dios le pide a Moisés que construyan el tabernáculo, reflexione sobre la importancia de compartir la misma visión. Escriba lo que Dios le está hablando, así como las decisiones que está tomando para trabajar a favor de la visión de su equipo.

Conversen en grupo acerca de lo que Dios les ha hablado a cada uno y sobre las decisiones a implementar.

Leer Éxodo 24 al 31 y 35 al 40.

Y harán un santuario para mí, y habitaré en medio de ellos. Conforme a todo lo que yo te muestre, el diseño del tabernáculo, y el diseño de todos sus utensilios, así lo haréis. (Éxodo 25.8–9)

Y habló Moisés a toda la congregación de los hijos de Israel, diciendo: Esto es lo que Jehová ha mandado [...] Todo sabio de corazón de entre vosotros vendrá y hará todas las cosas que Jehová ha mandado. (Éxodo 35.4, 10)

Estas son las cuentas del tabernáculo, del tabernáculo del testimonio, las que se hicieron por orden de Moisés por obra de los levitas bajo la dirección de Itamar hijo del sacerdote Aarón. (Éxodo 38.21)

Así fue acabada toda la obra del tabernáculo, del tabernáculo de reunión; e hicieron los hijos de Israel como Jehová lo había mandado a Moisés; así lo hicieron. [...] En conformidad a todas las cosas que Jehová había mandado a Moisés, así hicieron los hijos de Israel toda la obra. Y vio Moisés toda la obra, y he aquí que la habían hecho como Jehová había mandado; y los bendijo. (Éxodo 39.32, 42–43)

Al leer la Gran Comisión que Jesús les dio a sus discípulos, reflexione sobre la visión que tienen como iglesia y equipo, y acerca de la importancia de que esa visión contribuya al cumplimiento de la Gran Comisión. Escriba lo que Dios le está hablando, así como las decisiones que está tomando al respecto.

Conversen en grupo sobre lo que Dios les ha hablado a cada uno y sobre las decisiones a implementar.

Y Jesús se acercó y les habló diciendo: Toda potestad me es dada en el cielo y en la tierra. Por tanto, id, y haced discípulos a todas las naciones, bautizándolos en el nombre del Padre, y del Hijo, y del Espíritu Santo; enseñándoles que guarden todas las cosas que os he mandado; y he aquí yo estoy con vosotros todos los días, hasta el fin del mundo. Amén. (Mateo 28.18–20)

Y les dijo: Id por todo el mundo y predicad el evangelio a toda criatura. El que creyere y fuere bautizado, será salvo; mas el que no creyere, será condenado. (Marcos 16.15–16)

Valorar

Nos referimos a valorar la diversidad del grupo.

Valorar es reconocer, estimar, reconocer el mérito de alguien. Y diversidad es variedad, desemejanza y diferencia entre los miembros de un equipo o una comunidad. Es la abundancia, la gran cantidad de cosas distintas entre ellos.

Los equipos saludables son aquellos que tienen la capacidad de reconocer que en su diversidad, y no en su uniformidad, está su fuerza y riqueza.

Cuando hablamos de la diversidad en un equipo, expresamos que los miembros de ese equipo representan una variedad de culturas, costumbres, caracteres, habilidades, dones, formas de hacer, formas de pensar y realizar, etc., que lógicamente manifiestan la desemejanza entre ellos, señalando sus diferencias. Ahora bien, es importante que entendamos que las diferencias en un equipo, en una sociedad, en una comunidad, pueden servir para la guerra o para la grandeza.

Cuando se mira la diferencia con el otro como una amenaza, una molestia, algo inferior a lo que soy, entonces la diferencia traerá conflictos. En el equipo, opinar diferente será una ocasión para discutir. Entonces, los diferentes dones y capacidades se usarán para competir. Las diferencias de carácter y costumbres serán el ingrediente principal del chisme y la desacreditación del otro.

Cuando se tiene la virtud de mirar la diferencia con el otro como una bendición, algo estimado, algo igual o superior a lo que yo soy, y pensar que posee valor y mérito, entonces la diferencia traerá grandeza. Aquí aplica el dicho popular que afirma que ninguno de nosotros es tan listo como todos juntos.

Hoy en día, uno de los aspectos más comunes de la diversidad proviene de las diferentes culturas. En la actualidad lo local es global y lo global es local. Hoy, en la mayoría de las naciones del mundo, los barrios están compuestos por personas que provienen de otras naciones, con culturas diferentes.

La cultura es el conjunto de modos de vida y costumbres de un grupo social. Es la forma en que nos expresamos en la vida y la forma en que la sentimos. Esto proviene de nuestro entorno geográfico y social. Cultura es diferente a raza. Hay muchas culturas, pero hay una sola raza: la humana.

Siempre existirá una cultura dominante en toda nación, pueblo, ciudad o barrio. Incluso podemos decir lo mismo de la iglesia local y el individuo. Quizás la cultura dominante en mi ciudad es la anglosajona, pero en mi casa la cultura que predomina es la argentina. Quizás en la iglesia la cultura dominante es la mexicana o cubana, pero en la casa del individuo la que predomina es la cultura de su país de origen. Cuando nos referimos a cultura dominante, estamos hablando de la cultura que predomina, ya sea de forma personal en el individuo o en una familia, o la que predomina en una nación o ciudad, que en términos generales es la cultura de la nación o el pueblo anfitrión. Luego están las culturas minoritarias, no porque sean inferiores, sino porque pertenecen a los grupos extranjeros o visitantes que representan grupos minoritarios por su cantidad poblacional en relación con la población anfitriona.

Hablar de valorar es hablar de que la cultura anfitriona y las culturas minoritarias que se encuentran conviviendo geográficamente en el mismo espacio de tiempo y lugar asumen la responsabilidad de compartir y conectarse, creando una diversidad cultural saludable.

Si hablamos del equipo de ministerio, en donde nos encontramos con integrantes de diferentes trasfondos culturales, es importante ser intencionales para conectar en la diversidad cultural, trascendiendo ministerialmente las fronteras y barreras que la propia cultura dominante de cada individuo o iglesia local imponen, buscando unir, enlazar, establecer relación, poner en comunicación a las diferentes culturas.

En esta dimensión de valorar la diversidad cultural en nuestros equipos de ministerio, entonces decimos que conectar es: unirnos espiritualmente como hermanos en Cristo, amándonos, respetándonos y valorándonos más allá de nuestras diferencias culturales. Aunque la unidad es una realidad objetiva real, también es una meta que se debe alcanzar. La gente tiene conceptos preconcebidos unos de otros, y usualmente poseen diferentes aspiraciones culturales. La madurez, el esfuerzo y el trabajo de la fe por amor son necesarios para mantener la unidad del Espíritu (dentro de un cuerpo diverso) por medio de los lazos de paz. Debemos cultivar la unidad y trabajar en ella como iglesia. Pero muchas veces la unidad significa estar separados y juntarnos de tanto en tanto para celebrar lo que somos y lo que hemos hecho. Unidad no significa que somos iguales. Unidad significa que somos diferentes pero que nos amamos, respetamos, valoramos y habilitamos para ser quienes debemos ser y hacer lo que debemos hacer.

Debemos celebrar nuestra diversidad, pero también liberarla al hacer lo siguiente:

1. Enlazar nuestro corazón en una pasión. Que los que no conocen a Jesús lo conozcan como su Señor y Salvador, y los que ya lo conocen sean edificados hasta alcanzar la estatura y la plenitud de Cristo.
2. Establecer relaciones ministeriales inteligentes y espirituales.
3. Poner en comunicación nuestras culturas antes que ponerlas en oposición, para que lejos de acentuar las diferencias podamos celebrar nuestras diferencias y afirmar nuestra identidad como pueblo de Dios: gente «de todo linaje y lengua, y pueblo y nación» (Apocalipsis 5.9).

LEA • REFLEXIONE • CONVERSE

Al leer los siguientes pasajes de la Escritura, reflexione sobre la importancia de valorar la diversidad de la iglesia y el equipo. Escriba lo que Dios le está hablando, así como las decisiones que está tomando para celebrar y liberar la diversidad de su iglesia y su equipo.

Conversen en grupo acerca de lo que Dios les ha hablado a cada uno y sobre las decisiones a implementar.

Una iglesia con miembros muy diferentes unos de los otros
La iglesia de Cristo es como el cuerpo humano. Está compuesto de distintas partes, pero es un solo cuerpo. Entre nosotros, unos son judíos y otros no lo son. Algunos son esclavos, y otros son personas libres. Pero todos fuimos bautizados por el mismo Espíritu Santo, para formar una sola iglesia y un solo cuerpo. A cada uno de nosotros Dios nos dio el mismo Espíritu Santo. El cuerpo no está formado por una sola parte, sino por muchas. Si al pie se le ocurriera decir: «Yo no soy del cuerpo, porque no soy mano», todos sabemos que no por eso dejaría de ser parte del cuerpo. Y si la oreja dijera: «Como yo no soy ojo, no soy del cuerpo», de todos modos seguiría siendo parte del cuerpo. Si todo el cuerpo fuera ojo, no podríamos oír. Y si todo el cuerpo fuera oído, no podríamos oler. Pero Dios puso cada

parte del cuerpo en donde quiso ponerla. Una sola parte del cuerpo no es todo el cuerpo. Y aunque las partes del cuerpo pueden ser muchas, el cuerpo es uno solo. El ojo no puede decirle a la mano: «No te necesito». Tampoco la cabeza puede decirle a los pies: «No los necesito». (1 Corintios 12.12–21, TLA)

Una iglesia con redimidos de todo linaje y lengua y pueblo y nación

Y cuando hubo tomado el libro, los cuatro seres vivientes y los veinticuatro ancianos se postraron delante del Cordero; todos tenían arpas, y copas de oro llenas de incienso, que son las oraciones de los santos; y cantaban un nuevo cántico, diciendo: Digno eres de tomar el libro y de abrir sus sellos; porque tú fuiste inmolado, y con tu sangre nos has redimido para Dios, de todo linaje y lengua y pueblo y nación; y nos has hecho para nuestro Dios reyes y sacerdotes, y reinaremos sobre la tierra. (Apocalipsis 5.8–10)

Una iglesia con adoradores de todas naciones y tribus y pueblos y lenguas

Después de esto miré, y he aquí una gran multitud, la cual nadie podía contar, de todas naciones y tribus y pueblos y lenguas, que estaban delante del trono y en la presencia del Cordero, vestidos de ropas blancas, y con palmas en las manos; y clamaban a gran voz, diciendo: La salvación pertenece a nuestro Dios que está sentado en el trono, y al Cordero. (Apocalipsis 7.9–10)

Una iglesia con ministros fructíferos de todos los pueblos

Bienaventurado el hombre que hace esto, y el hijo de hombre que lo abraza; que guarda el día de reposo para no profanarlo, y que guarda su mano de hacer todo mal. Y el extranjero que sigue a Jehová no hable diciendo: Me apartará totalmente Jehová de su pueblo. Ni diga el eunuco: He aquí yo soy árbol seco. Porque así dijo Jehová: A los eunucos que guarden mis días de reposo, y escojan lo que yo quiero, y abracen mi pacto, yo les daré lugar en mi casa y dentro de mis muros, y nombre mejor que el de hijos e hijas; nombre perpetuo les daré, que nunca perecerá. Y a los hijos de los extranjeros que sigan a Jehová para servirle, y que amen el nombre de Jehová para ser sus siervos; a todos los que guarden el día de reposo para no profanarlo, y abracen mi pacto, yo los llevaré a mi santo monte, y los recrearé en mi casa de oración; sus holocaustos y sus sacrificios serán aceptos sobre mi altar; porque mi casa será llamada casa de oración para todos los pueblos. (Isaías 56.2–7)

Identificar

Hay que identificar la posición y la función de cada uno.

Cuando en el equipo estamos de común acuerdo sobre cuál es la visión por la que trabajaremos juntos, y no hablo solamente de trabajar, sino repito, de trabajar juntos; si además hemos aceptado que en la diversidad del equipo se encuentra uno de los recursos primarios provisto por Dios para cumplir con la asignación recibida de su parte, y estamos juntos y unánimes (no solamente juntos), entonces necesitamos empezar por identificar cuál es la posición y la función de cada miembro del equipo en la tarea a realizar.

Esto se lleva a cabo en función de entender cuál es el ministerio de cada miembro, cuáles son sus dones y talentos, ubicándose estratégicamente cada uno en la posición donde serán efectivos y fructíferos.

Para esto es bueno realizar un organigrama de funciones que refleje la posición de cada miembro del equipo, mostrando cómo se relacionan en función de la autoridad delegada, de tal modo que cada uno, haciendo lo que debe hacer, contribuya al cumplimiento de la visión, pero también al buen funcionamiento del equipo y el ministerio.

El siguiente es un ejemplo de un organigrama de funciones.

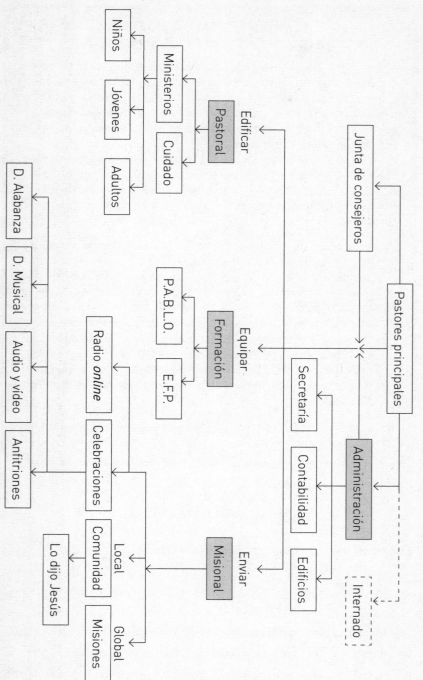

LEA • REFLEXIONE • CONVERSE

Al leer cómo Dios distribuyó las funciones en la iglesia y la forma en que David organizó y distribuyó los ministerios y las tareas en el templo, reflexione sobre la importancia de identificar la posición y la función de cada uno en el equipo. Escriba lo que Dios le está hablando, así como las decisiones que está tomando para entender mejor su posición en la iglesia y el equipo.

Conversen en grupo acerca de lo que Dios les ha hablado a cada uno y sobre las decisiones a implementar.

Revisen el organigrama de funciones de su iglesia, identifiquen el lugar de cada uno en este y conversen para entenderlo. Escriban sus conclusiones.

Cada uno de ustedes es parte de la iglesia, y todos juntos forman el cuerpo de Cristo. En la iglesia, Dios le dio una función a cada una de las partes. En primer lugar, puso apóstoles; en segundo lugar, puso profetas, y en tercer lugar, puso maestros. También hay algunos que hacen milagros, y otros que tienen la capacidad de sanar a los enfermos; algunos ayudan, otros dirigen, y aun otros hablan en idiomas desconocidos. No todos son apóstoles, profetas o maestros. Tampoco todos pueden hacer milagros o curar enfermos. No todos pueden hablar idiomas desconocidos, ni todos pueden entender lo que se dice en esos idiomas. (1 Corintios 12.27–30)

Leer además 1 Crónicas, capítulos 23 al 27 (David organiza los ministerios en el templo).

Acordar

Debemos acordar cómo realizaremos el trabajo.

¿Andarán dos juntos, si no estuvieren de acuerdo? (Amós 3.3)

Identificar las posiciones y los roles le permite saber a cada miembro dónde está ubicado cada uno en relación con los demás. Pero el ponerse de acuerdo sobre cómo se realizará el trabajo habla de cómo vamos a interaccionar en el conjunto, no solo individualmente. Debemos saber qué espero del otro y qué espera el otro de mí. Debemos entender cuándo debo hacer algo solo y cuándo hacerlo con otro. Esos elementos son muy importantes para la coordinación que trae el orden de Dios a un equipo.

Esto se logra haciendo una descripción de trabajo para cada posición que explique la función que se espera de cada uno y establezca cómo se van a relacionar los unos con los otros. Como mínimo toda descripción de trabajo en los equipos ministeriales debe:

1. Conectar las funciones y responsabilidades de la posición en relación con la visión del ministerio, la visión de la iglesia y el cumplimiento de la Gran Comisión. Se pueden utilizar párrafos como el siguiente:

   • Nuestra iglesia existe para restaurar familias, y una de las maneras en que lo hace es a través de la celebración del domingo en la mañana cuando se canta a Dios y se enseña la Palabra. Un sonido claro y bien regulado permitirá que la familia completa adore a Dios y reciba sin interrupción la verdad de la Palabra, para que cada uno de sus miembros tenga la posibilidad de experimentar salvación, libertad y sanidad.

2. Exponer las expectativas que se tienen en cuanto a la persona que realiza las funciones y responsabilidades de dicha posición. Como el trabajo en los ministerios de la iglesia debe reflejar la naturaleza moral de Dios mientras se cumple con su misión, es esencial que la descripción de trabajo sea clara en cuanto a lo que se espera de la persona en relación con su carácter, comportamiento, actitud y relación con el resto del equipo. Se sugiere construir frases en base a los principios de la consagración, el compromiso, la competencia, la

coordinación, la cooperación y el compañerismo según se exponen en este libro. Se pueden utilizar frases como:

- El sonidista debe querer y poder trabajar en equipo.
- Consagración. El sonidista vive una vida de santidad y con su conducta, privada y pública, honra a Dios.
- Compromiso. El sonidista entiende que su llamado en el ministerio es servir en el sonido de la iglesia.
- Competencia. El sonidista es enseñable y muestra disponibilidad para aprender de los demás y a través de las experiencias.
- Coordinación. El sonidista reconoce que en la diversidad del grupo, y no en la uniformidad, está la fuerza y la riqueza del equipo.
- Cooperación. El sonidista tiene la disposición de ayudar a los demás en sus funciones y responsabilidades cuando sea necesario.
- Compañerismo. El sonidista cultiva una relación de amistad, y no solo laboral, con los demás miembros del equipo, al compartir intencionalmente tiempos personales e íntimos con sus compañeros.

3. Identificar las competencias que se necesitan para realizar las funciones y responsabilidades de la posición. Esto es particularmente importante porque las buenas intensiones no son suficientes para que el trabajo asignado sea realizado con excelencia. Se pueden utilizar frases como:

- El sonidista debe tener el conocimiento básico sobre...
- El sonidista debe tener habilidad para...
- El sonidista de la iglesia debe tener el o los siguientes dones espirituales...

4. Describir las funciones y responsabilidades de la posición con la mayor cantidad de especificaciones posible, evitando las generalidades. Esta descripción se debe construir en términos de lo que ese miembro aportará al funcionamiento del equipo en y desde esa posición. Por ejemplo, no limite la descripción de trabajo a decir solamente que es el que está a cargo del sonido de la iglesia. Describa qué significa estar a cargo del sonido. Se pueden utilizar frases como:

- Debe tener el cuarto de sonido limpio y ordenado todo el tiempo.
- Debe mantener los equipos de sonido en buenas condiciones operacionales.
- Debe preparar el micrófono del predicador y entregárselo antes de que comience la reunión.

5. Ordenar las funciones y responsabilidades de la posición según su importancia en relación con las metas y expectativas que se tienen en el equipo y el ministerio, en relación con el orden cronológico en que se tienen que realizar, o en relación con reuniones o actividades específicas. Se pueden utilizar frases como:

- El sonidista estará presente en las prácticas del grupo de alabanza.
- En la celebración del domingo en la mañana el sonidista debe llegar una hora antes que los músicos para encender los equipos y colocar los micrófonos en la plataforma.

6. Señalar el desempeño que se busca en las funciones y responsabilidades de la posición de la forma más explícita posible. Es importante utilizar frases y expresiones cuantitativas y cualitativas que ayudarán a medir dicho desempeño. Se pueden utilizar frases como:

- El sonidista hará una limpieza general y profunda del cuarto de sonido una vez al mes.
- Cada domingo el sonidista deberá asegurarse de que el cuarto de sonido está en orden y los micrófonos guardados.
- El sonidista revisará la condición de los cables del sonido cada tres meses.

La redacción de una descripción de trabajo nunca termina. Siempre puede mejorarse y modificarse, pero es importante porque cumple una función rectora en la tarea que se va a realizar en determinada posición, lo cual hace que ese rol contribuya al trabajo global en equipo. La descripción de trabajo es algo obligatoria. Es imperativo que quien sirve en determinada área la entienda y la ejecute mientras sirve en esa posición. Tal descripción no es algo opcional. Esta descripción es importante porque constituye una guía para el líder y el miembro del equipo en determinada posición, pero también es importante porque les permite a los demás miembros del equipo saber qué deben esperar del otro.

LEA • REFLEXIONE • CONVERSE

Al leer los siguientes pasajes de la Escritura, reflexione acerca de la importancia de estar de acuerdo en cómo se va a realizar el trabajo. Escriba lo que Dios le está hablando, así como las decisiones que está tomando para entender su función y la de los demás en su iglesia y su equipo.

Conversen en grupo acerca de lo que Dios les ha hablado a cada uno y sobre las decisiones a implementar.

Además, analicen las descripciones de trabajo de cada posición en el equipo y conversen sobre cómo esto está siendo tomado en cuenta a la hora de hacer el trabajo. Conversen también para entender cada uno mejor la posición propia y la de los demás. Escriban sus conclusiones.

Hermanos míos, cuando se reúnan, todo lo que hagan debe ayudar a los demás. Unos pueden cantar, otros pueden enseñar o comunicar lo que Dios les haya mostrado, otros pueden hablar en idiomas desconocidos, o traducir lo que se dice en esos idiomas. Si algunos hablan en idiomas desconocidos, que no sean más de dos o tres personas, y que cada uno espere su turno para hablar. Además, alguien debe traducir lo que estén diciendo. Pero si no hay en la iglesia nadie que traduzca, entonces deben callarse, o hablar sólo para sí mismos y para Dios. Y si algunos hablan de parte de Dios, que sean sólo dos o tres personas. Los demás deben prestar atención, para ver si el mensaje es de parte de Dios o no. Pero si alguno de los que están sentados recibe un mensaje de Dios, el que está hablando debe callarse y dejar que la otra persona diga lo que tenga que decir. Así todos tendrán la oportunidad de anunciar un mensaje de Dios, y todos los que escuchan podrán aprender y sentirse animados. (1 Corintios 14.26–31, TLA)

Aconteció que al día siguiente se sentó Moisés a juzgar al pueblo; y el pueblo estuvo delante de Moisés desde la mañana hasta la tarde. Viendo el suegro de Moisés todo lo que él hacía con el pueblo, dijo: ¿Qué es esto que haces tú con el pueblo? ¿Por qué te sientas tú solo, y todo el pueblo está delante de ti desde la mañana hasta la tarde? Y Moisés respondió a su suegro: Porque el pueblo viene a mí para consultar a Dios. Cuando tienen asuntos, vienen a mí; y yo juzgo entre el uno y el otro, y declaro las ordenanzas de Dios y sus leyes. Entonces el suegro de Moisés le dijo: No está bien lo que haces. Desfallecerás del todo, tú, y también este pueblo que está contigo; porque el trabajo es demasiado pesado para ti; no podrás hacerlo tú solo. Oye ahora mi voz; yo te aconsejaré, y Dios estará contigo. Está tú por el pueblo delante de Dios, y somete tú los asuntos a Dios. Y enseña a ellos las ordenanzas y las leyes, y muéstrales el camino por donde deben andar, y lo que han de hacer. Además escoge tú de entre todo el pueblo varones de virtud temerosos de Dios, varones de verdad, que aborrezcan la avaricia; y ponlos sobre el pueblo por jefes de millares, de centenas, de cincuenta y de diez. Ellos juzgarán al pueblo en todo tiempo; y todo asunto grave lo traerán a ti, y ellos juzgarán todo asunto pequeño. Así aliviarás la carga de sobre ti, y la llevarán ellos contigo. Si esto hicieres, y Dios te lo mandare, tú podrás sostenerte, y también todo este pueblo irá en paz a su lugar. Y oyó Moisés la voz de su suegro, e hizo todo lo que dijo. Escogió Moisés varones de virtud de entre todo Israel, y los puso por jefes sobre el pueblo, sobre mil, sobre ciento, sobre cincuenta, y sobre diez.

Y juzgaban al pueblo en todo tiempo; el asunto difícil lo traían a Moisés, y ellos juzgaban todo asunto pequeño. Y despidió Moisés a su suegro, y éste se fue a su tierra. (Éxodo 18.13–27)

En aquel tiempo yo os hablé diciendo: Yo solo no puedo llevaros. Jehová vuestro Dios os ha multiplicado, y he aquí hoy vosotros sois como las estrellas del cielo en multitud ¡Jehová Dios de vuestros padres os haga mil veces más de lo que ahora sois, y os bendiga, como os ha prometido! ¿Cómo llevaré yo solo vuestras molestias, vuestras cargas y vuestros pleitos? Dadme de entre vosotros, de vuestras tribus, varones sabios y entendidos y expertos, para que yo los ponga por vuestros jefes. Y me respondisteis y dijisteis: Bueno es hacer lo que has dicho. Y tomé a los principales de vuestras tribus, varones sabios y expertos, y los puse por jefes sobre vosotros, jefes de millares, de centenas, de cincuenta y de diez, y gobernadores de vuestras tribus. Y entonces mandé a vuestros jueces, diciendo: Oíd entre vuestros hermanos, y juzgad justamente entre el hombre y su hermano, y el extranjero. No hagáis distinción de persona en el juicio; así al pequeño como al grande oiréis; no tendréis temor de ninguno, porque el juicio es de Dios; y la causa que os fuere difícil, la traeréis a mí, y yo la oiré. Os mandé, pues, en aquel tiempo, todo lo que habíais de hacer. (Deuteronomio 1.9–18)

CAPÍTULO 6

El equipo y su cooperación

VIVIR Y OBRAR CON AYUDA

Y de hacer bien y de la ayuda mutua no os olvidéis; porque de tales sacrificios se agrada Dios.

—Hebreos 13.16

Pocas personas son exitosas a menos que otras quieran que lo sean.

—Charles Brower[1]

L a COOPERACIÓN le da al equipo la ayuda de Dios. *Es la disposición de ayudarnos los unos a los otros buscando el bien de todo el grupo.* La cooperación es obrar juntamente con otro u otros para un mismo fin, de cara a un objetivo común. Es la disposición de ayudarnos los unos a los otros. Es buscar el bien de todo el grupo y no solamente mi bien personal. Es trabajar por los logros de todo el grupo y no solamente por mis logros personales. Es trabajar para que el otro se vea bien y no solamente yo. Es trabajar para que al otro le salgan las cosas bien y no solamente a mí. Es buscar que el otro tenga éxito y no solamente yo. Es la unidad que trae y manifiesta la ayuda de Dios entre los miembros del equipo para que el éxito sea de todos y no de uno en particular.

Resulta muy importante asegurarnos de que a la coordinación se le añada la cooperación. Cuando el equipo trabaja junto solo en función de su coordinación, puede suceder que cada líder u obrero se preocupe solo por su área de ministerio o su tarea, y se despreocupe de las demás áreas o posiciones. Cuando la iglesia o el equipo se activa solo en función de un organigrama de funciones, suele suceder que se crean rivalidades o subgrupos dentro del equipo que compiten entre sí. Mientras se trabaja desde una posición organizacional, en base a una descripción de trabajo, también se debe cultivar la virtud de ayudar a los demás en sus posiciones y tareas asignadas.

Ayudar es prestar cooperación, es auxiliar, socorrer, hacer un esfuerzo y proporcionar los medios para el logro de algo o alguien.

Imaginemos un caso hipotético de un ministerio de adolescentes: el maestro llegó quince minutos antes de la clase, como está estipulado en su descripción de trabajo, para preparar su aula y tener todo listo en el momento en que lleguen sus estudiantes. Al instante se da cuenta de que la persona que está a cargo de todo el ministerio no ha llegado a la hora estipulada, es decir, treinta minutos antes, a fin de prender las luces, abrir las puertas y preparar el sonido para la alabanza inicial. Tiene dos opciones, se queda esperando a que aparezca el líder, lo que origina que todos los que van llegando se queden afuera con él sin poder entrar, explicándoles a todos a medida que llegan que están esperando a la persona encargada que aún no ha arribado y que por eso están afuera. O puede ir y hacer la tarea de ese líder, que por alguna razón desconocida no se ha presentado a tiempo todavía, para que cuando las personas de la iglesia empiecen a llegar, las aulas estén abiertas y los equipos listos para llevar adelante el programa planeado.

La primera opción implica desatender y abandonar al compañero, lo cual estorba el éxito del equipo. Eso es lo opuesto a la cooperación. Incluso puede aludir a que esa no es su responsabilidad, y tiene razón. Pero si mi responsabilidad no es solamente mi parte del ministerio o del equipo, sino todo el ministerio, todo el equipo, entonces la segunda opción es la que se escogería, porque eso es cooperación. Aunque no es su responsabilidad hacer dichas tareas, esta persona entendió que si su compañero todavía no ha llegado, se puede cubrir su función en ese momento para que no se vea afectado el trabajo del equipo. Cada vez que alguien del equipo se ve bien, todos en el equipo se ven bien. Cada vez que a alguien en el equipo las cosas le salen bien, entonces todo el equipo hace las cosas bien. Lo mismo es a la inversa. Criticar y desacreditar al otro y lo que hace, nunca, pero nunca, es saludable para el equipo.

LEA • REFLEXIONE • CONVERSE

Al leer los siguientes pasajes de la Escritura, reflexione sobre la importancia de ayudarse unos a otros. Escriba lo que Dios le está hablando, así como las decisiones que está tomando para ser de ayuda a los demás a través de su actitud y sus acciones.

Conversen en grupo acerca de lo que Dios les ha hablado a cada uno y sobre las decisiones a implementar.

Y de hacer bien y de la ayuda mutua no os olvidéis; porque de tales sacrificios se agrada Dios. (Hebreos 13.16)

Os recomiendo además nuestra hermana Febe, la cual es diaconisa de la iglesia en Cencrea; que la recibáis en el Señor, como es digno de los santos, y que la ayudéis en cualquier cosa en que necesite de vosotros; porque ella ha ayudado a muchos, y a mí mismo. (Romanos 16.1–2)

Os ruego, pues, hermanos, por el nombre de nuestro Señor Jesucristo, que habléis todos una misma cosa, y que no haya entre vosotros divisiones, sino que estéis perfectamente unidos en una misma mente y en un mismo parecer. Porque he sido informado acerca de vosotros, hermanos míos, por los de Cloé, que hay entre vosotros contiendas. Quiero decir, que cada uno de vosotros dice: Yo soy de Pablo; y yo de Apolos; y yo de Cefas; y yo de Cristo. ¿Acaso está dividido Cristo? ¿Fue crucificado Pablo por vosotros? ¿O fuisteis bautizados en el nombre de Pablo? (1 Corintios 1.10–13)

Modestia

Demuestro modestia cuando decido ser un obrero colaborador en el equipo y no la estrella del mismo.

Aunque la modestia puede ser definida como una virtud cristiana que regula el comportamiento o la forma de vestir del creyente, y también se refiere a un estado de pobreza, escasez de medios, recursos y bienes, en nuestro caso nos referimos a la modestia como la cualidad de humilde, a la falta de engreimiento o vanidad. La modestia es el recato que se observa en el porte y en la estimación que se muestra de sí mismo.

La cooperación

Es el resultado de individuos que expresan su modestia de carácter a través de acciones altruistas que encuentran su lugar en el equipo porque siempre están disponibles manifestando toda liberalidad en el grupo.

Sus sinónimos son: humildad y sencillez. Sus antónimos: altivez y presunción.

Debo aclarar que aunque es común que se hable de la modestia como la actitud del que no se da a sí mismo mucha importancia o valor, prefiero definirla como la actitud de aquel que sabe darse a sí mismo importancia y valor, y al mismo tiempo no es engreído o vanidoso.

La persona modesta no demanda atención extra para sí misma. No le interesan los halagos y no le disgusta estar en un segundo plano. No anda exponiendo todo sobre su persona. Sabe quién es, y como está tan segura de sí misma, permite que otros se destaquen en vez de monopolizar los espacios en su favor.

Promueve y disfruta los éxitos de los otros, y la participación y el liderazgo de los demás. Cuando está sirviendo en el equipo no busca hacer algo para figurar, dirigir o recibir aplausos. Todo lo que hace es porque está convencida de que es lo que más conviene para los demás y al equipo. Cuando piensa en su persona lo hace en función del equipo y no solo en relación con ella misma, buscando la retribución personal.

Actuar con modestia no significa dejarse humillar, maltratar, o dejar de perseguir la realización personal. Si hay modestia, se lucha por alcanzar el éxito personal, pero jamás a costa del fracaso del otro. Es más, la modestia genuina es la que le permite al individuo celebrar el éxito personal y el éxito de los demás al mismo tiempo. Las personas modestas no toman el escenario para ellos. Les dan paso a los demás. Favorecen que otros se destaquen. El éxito de uno es el éxito del equipo y el éxito del equipo es el éxito de uno. Los principios generales de la modestia promueven evitar la excesiva atención hacia uno mismo, evitando actuar con mayor egoísmo. John Wooden dijo: «Es asombroso cuánto puede lograrse si nadie se preocupa por quién recibe el crédito».[2]

LEA • REFLEXIONE • CONVERSE

Al leer los siguientes pasajes de la Escritura, reflexione sobre la importancia de la modestia. Escriba lo que Dios le está hablando, así como las decisiones que está tomando para practicar la modestia.

Conversen en grupo acerca de lo que Dios les ha hablado a cada uno y sobre las decisiones a implementar.

Digo [...] a cada cual que está entre vosotros, que no tenga más alto concepto de sí que el que debe tener, sino que piense de sí con cordura, conforme a la medida de fe que Dios repartió a cada uno. (Romanos 12.3)

Nada hagáis por contienda o por vanagloria; antes bien con humildad estimando cada uno a los demás como superiores a él mismo; no mirando cada uno por lo suyo propio, sino cada cual también por lo de los otros. (Filipenses 2.3–4)

Este es el testimonio de Juan, cuando los judíos enviaron de Jerusalén sacerdotes y levitas para que le preguntasen: ¿Tú, quién eres? Confesó, y no negó, sino confesó: Yo no soy el Cristo. Y le preguntaron: ¿Qué pues? ¿Eres tú Elías? Dijo: No soy. ¿Eres tú el profeta? Y respondió: No. Le dijeron: ¿Pues quién eres? para que demos respuesta a los que nos enviaron. ¿Qué dices de ti mismo? Dijo: Yo soy la voz de uno que clama en el desierto: Enderezad el camino del Señor, como dijo el profeta Isaías. Y los que habían sido enviados eran de los fariseos. Y le preguntaron, y le dijeron: ¿Por qué, pues, bautizas, si tú no eres el Cristo, ni Elías, ni el profeta? Juan les respondió diciendo: Yo bautizo con agua; mas en medio de vosotros está uno a quien vosotros no conocéis. Este es el que viene después de mí, el que es antes de mí, del cual yo no soy digno de desatar la correa del calzado. Estas cosas sucedieron en Betábara, al otro lado del Jordán, donde Juan estaba bautizando. El siguiente día vio Juan a Jesús que venía a él, y dijo: He aquí el Cordero de Dios, que quita el pecado del mundo. Este es aquel de quien yo dije: Después de mí viene un varón, el cual es antes de mí; porque era primero que yo. Y yo no le conocía; mas para que fuese manifestado a Israel, por esto vine yo bautizando con agua. También dio Juan testimonio, diciendo: Vi al Espíritu que descendía del cielo como paloma, y permaneció sobre él. Y yo no le conocía; pero el que me envió a bautizar con agua, aquél me dijo: Sobre quien veas descender el Espíritu y que permanece

> sobre él, ése es el que bautiza con el Espíritu Santo. Y yo le vi, y he dado testimonio de que éste es el Hijo de Dios. El siguiente día otra vez estaba Juan, y dos de sus discípulos. Y mirando a Jesús que andaba por allí, dijo: He aquí el Cordero de Dios. Le oyeron hablar los dos discípulos, y siguieron a Jesús. (Juan 1.19-37)

Altruismo

El altruismo se pone de manifiesto cuando decido cuidar lo de los demás y no solo lo mío.

De acuerdo con la Real Academia Española, la palabra *altruismo* proviene del francés *altruisme*, y designa la «diligencia en procurar el bien ajeno aun a costa del propio».[3] Describe la conducta humana que se muestra como una preocupación o atención desinteresada por otros.

Al poner al altruismo como uno de los elementos básicos que cultiva la cooperación en el equipo, estamos hablando de la diligencia para procurar el bien del equipo sin esperar nada a cambio, y muchas veces, aun a costa del bien propio.

El altruismo es lo opuesto del egoísmo. El altruismo se refiere a la solidaridad interpersonal. Al ser parte de un equipo, es importante darle prioridad a aquellos actos que se sabe van a beneficiar más al otro y al equipo que a sí mismo, lo que implica un sacrificio personal.

Desde la perspectiva de equipo, el altruismo es una virtud necesaria que se pone a prueba cuando al prestar ayuda a los demás integrantes del equipo tenemos que renunciar a los beneficios propios, inmediatos y significativos.

El altruismo, en conjunto con la modestia, contrarresta en el equipo el egoísmo, la avaricia, la ambición personal, el ansia de poder y el desenfreno de las pasiones.

En el contexto de la vida diaria, altruismo es hacer la vida más agradable a los demás y procurar la felicidad de los otros. En el contexto de un equipo, altruismo, además de lo ya mencionado, es hacer el trabajo en conjunto más agradable, y procurar la felicidad y el éxito del equipo.

LEA • REFLEXIONE • CONVERSE

Al leer los siguientes pasajes de la Escritura, reflexione sobre la importancia del altruismo. Escriba lo que Dios le está hablando, así como las decisiones que está tomando para practicar esta conducta humana.

Conversen en grupo acerca de lo que Dios les ha hablado a cada uno y sobre las decisiones a implementar.

> Por tanto, si hay alguna consolación en Cristo, si algún consuelo de amor, si alguna comunión del Espíritu, si algún afecto entrañable, si alguna misericordia, completad mi gozo, sintiendo lo mismo, teniendo el mismo amor, unánimes, sintiendo una misma cosa. Nada hagáis por contienda o por vanagloria; antes bien con humildad, estimando cada uno a los demás como superiores a él mismo; no mirando cada uno por lo suyo propio, sino cada cual también por lo de los otros. Haya, pues, en vosotros este sentir que hubo también en Cristo Jesús, el cual, siendo en forma de Dios, no estimó el ser igual a Dios como cosa a que aferrarse, sino que se despojó a sí mismo, tomando forma de siervo, hecho semejante a los hombres; y estando en la condición de hombre, se humilló a sí mismo, haciéndose obediente hasta la muerte, y muerte de cruz. (Filipenses 2.1-8)

> Así también ordenó el Señor a los que anuncian el evangelio, que vivan del evangelio. Pero yo de nada de esto me he aprovechado, ni tampoco he escrito esto para que se haga así conmigo; porque prefiero morir, antes que nadie desvanezca esta mi gloria. Pues si anuncio el evangelio, no tengo por qué gloriarme; porque me es impuesta necesidad; y ¡ay de mí si no anunciare el evangelio! Por lo cual, si lo hago de buena voluntad, recompensa tendré; pero si de mala voluntad, la comisión me ha sido encomendada. ¿Cuál, pues, es mi galardón? Que predicando el evangelio, presente gratuitamente el evangelio de Cristo, para no abusar de mi derecho en el evangelio. Por lo cual, siendo libre de todos, me he hecho siervo de todos para ganar a mayor número. Me he hecho a los judíos como judío, para ganar a los judíos; a los que están sujetos a la ley (aunque yo no esté sujeto a la ley) como sujeto a la ley, para ganar a los que están sujetos a la ley; a los que están sin ley, como si yo estuviera sin ley (no estando yo sin ley de Dios, sino bajo la ley de Cristo), para ganar a los que están sin ley. Me

he hecho débil a los débiles, para ganar a los débiles; a todos me he hecho de todo, para que de todos modos salve a algunos. Y esto hago por causa del evangelio, para hacerme copartícipe de él. (1 Corintios 9.14-23)

Respondiendo Jesús, dijo: Un hombre descendía de Jerusalén a Jericó, y cayó en manos de ladrones, los cuales le despojaron; e hiriéndole, se fueron, dejándole medio muerto. Aconteció que descendió un sacerdote por aquel camino, y viéndole, pasó de largo. Asimismo un levita, llegando cerca de aquel lugar, y viéndole, pasó de largo. Pero un samaritano, que iba de camino, vino cerca de él, y viéndole, fue movido a misericordia; y acercándose, vendó sus heridas, echándoles aceite y vino; y poniéndole en su cabalgadura, lo llevó al mesón, y cuidó de él. Otro día al partir, sacó dos denarios, y los dio al mesonero, y le dijo: Cuídamele; y todo lo que gastes de más, yo te lo pagaré cuando regrese. (Lucas 10.30-35)

Disponibilidad

La disponibilidad se evidencia cuando decido ayudar en todo, no solo en lo que me gusta.

Disponibilidad es la «cualidad de disponible».[4] Si algo está disponible, se puede usar libremente para algún objetivo o se puede acceder a ello sin inconvenientes.

El concepto de disponibilidad se utiliza en diversos ámbitos y esferas para hacer referencia a la posibilidad de que algo, un producto o un fenómeno, esté disponible para ser realizado, encontrado o utilizado. Puede ser una medida que indica el tiempo que está funcionando un equipo o sistema operativo con respecto a la duración total que se hubiese deseado que funcionase. Incluso se utiliza el término «disponibilidad» para referirse a la situación de militares y funcionarios que están en servicio esperando ser asignados a algún lugar. En el sentido emocional, disponibilidad es cuando una persona normalmente no tiene pareja o no está comprometida en ninguna situación, lo cual significa que posee libertad para actuar como quiera. En relación con la información, disponibilidad es la propiedad de estar accesible a los usuarios.

En nuestro caso, al asumir que para que haya cooperación se necesita disponibilidad en los miembros del equipo, lo que estamos diciendo es que cada integrante del equipo tiene una predisposición para asumir nuevas oportunidades y aceptar nuevos retos o tareas, y por ende no tiene inconvenientes para brindar sus servicios en el área solicitada.

Disponibilidad es tener la disposición para hacer lo que se necesita, aunque la labor que se vaya a realizar o la posición que se vaya a ocupar no sea la preferida. Disponibilidad es la propiedad de ser accesible y utilizable.

Como miembros de un equipo de ministerio debemos estar disponibles para nuestros compañeros, pero mayormente debemos estar disponibles para que Dios nos pueda usar libremente donde nos necesita.

Cuando se es parte de un equipo, tener el valor de la disponibilidad no significa que se deja de hacer lo propio para dedicarse a lo de los otros, ni tampoco que se pasan por alto las asignaciones o responsabilidades propias para ayudar a los demás. Significa que siempre y cuando se nos necesite, seremos intencionales en buscar el tiempo y la forma para brindar una colaboración a otro, para el bien de todo el equipo y el cumplimiento de la tarea asignada. Disponibilidad es estar siempre listo para lo que se necesita, no solamente para lo que me gusta. Disponibilidad es la cualidad de estar listo para servir libremente y con prontitud.

LEA • REFLEXIONE • CONVERSE

Al leer los siguientes pasajes de la Escritura, reflexione sobre la importancia de la disponibilidad. Escriba lo que Dios le está hablando, así como las decisiones que está tomando para practicarla.

Conversen en grupo acerca de lo que Dios les ha hablado a cada uno y sobre las decisiones a implementar.

Ahora, pues, llevad también a cabo el hacerlo, para que como estuvisteis prontos a querer, así también lo estéis en cumplir conforme a lo que tengáis. Porque si primero hay la voluntad dispuesta, será acepta según lo que uno tiene, no según lo que no tiene. (2 Corintios 8.11–12)

Recuérdales que [...] estén dispuestos para toda buena obra [...] que no sean pendencieros, sino amables, mostrando toda mansedumbre para con todos los hombres. (Tito 3.1–2)

Y Josué mandó a los oficiales del pueblo, diciendo: Pasad por en medio del campamento y mandad al pueblo, diciendo: Preparaos comida, porque dentro de tres días pasaréis el Jordán para entrar a poseer la tierra que Jehová vuestro Dios os da en posesión. También habló Josué a los rubenitas y gaditas y a la media tribu de Manasés, diciendo: Acordaos de la palabra que Moisés, siervo de Jehová, os mandó diciendo: Jehová vuestro Dios os ha dado reposo, y os ha dado esta tierra. Vuestras mujeres, vuestros niños y vuestros ganados quedarán en la tierra que Moisés os ha dado a este lado del Jordán; mas vosotros, todos los valientes y fuertes, pasaréis armados delante de vuestros hermanos, y les ayudaréis, hasta tanto que Jehová haya dado reposo a vuestros hermanos como a vosotros, y que ellos también posean la tierra que Jehová vuestro Dios les da; y después volveréis vosotros a la tierra de vuestra herencia, la cual Moisés siervo de Jehová os ha dado, a este lado del Jordán hacia donde nace el sol; y entraréis en posesión de ella. Entonces respondieron a Josué, diciendo: Nosotros haremos todas las cosas que nos has mandado, e iremos adondequiera que nos mandes. De la manera que obedecimos a Moisés en todas las cosas, así te obedeceremos a ti; solamente que Jehová tu Dios esté contigo, como estuvo con Moisés. (Josué 1.10–17)

Liberalidad

Muestro liberalidad cuando decido dar de forma espontánea y generosa sin esperar nada a cambio.

Cuando el rey Josías celebró la pascua en Jerusalén, el relato bíblico dice: «También sus príncipes dieron con liberalidad al pueblo y a los sacerdotes y levitas. Hilcías, Zacarías y Jehiel, oficiales de la casa de Dios, dieron a los sacerdotes, para celebrar la pascua, dos mil seiscientas ovejas y trescientos bueyes» (2 Crónicas 35.8).

El término hebreo traducido como liberalidad es *nedabá*, que significa «espontaneidad o espontáneo, regalo espontáneo o abundante, gracia, liberalidad, libremente, voluntad, voluntariamente, voluntario».[5]

Proverbios 25.14 dice: «Como nubes y vientos sin lluvia, así es el hombre que se jacta de falsa liberalidad». La Traducción en Lenguaje Actual lo traduce de la siguiente manera: «Hay quienes hablan de dar y nunca dan nada. Son como las nubes oscuras, que anuncian lluvia... ¡y no llueve!».

Aquí el término hebreo es *matát*, que se puede traducir como «presente, don, liberalidad».[6]

En el Nuevo Testamento se menciona la liberalidad dos veces. La primera, en Romanos 12.8, cuando se habla de los dones ministeriales: «el que exhorta, en la exhortación; el que reparte, con liberalidad; el que preside, con solicitud; el que hace misericordia, con alegría».

Y también se menciona en 2 Corintios 9.7–14 cuando se habla de la provisión abundante de Dios para sus hijos:

Cada uno dé como propuso en su corazón [...] Y poderoso es Dios para que abunde en vosotros toda gracia, a fin de que, teniendo siempre en todas las cosas todo lo suficiente, abundéis para toda buena obra [...] Y el que da semilla al que siembra, y pan al que come, proveerá y multiplicará vuestra sementera, y aumentará los frutos de vuestra justicia, para que estéis enriquecidos en todo para toda liberalidad, la cual produce por medio de nosotros acción de gracias a Dios. Porque la ministración de este servicio no solamente suple lo que a los santos falta, sino que también abunda en muchas acciones de gracias a Dios; pues por la experiencia de esta ministración glorifican a Dios por la obediencia que profesáis al evangelio de Cristo, y por la liberalidad de vuestra contribución para ellos y para todos; asimismo en la oración de ellos por vosotros, a quienes aman a causa de la superabundante gracia de Dios en vosotros.

En ambos pasajes liberalidad se traduce del término griego *japlótes,* cuyo significado es «de un solo aspecto, sinceridad (sin disimulo o sin buscar solo lo de uno), generosidad (donativo copioso), sencillez, sincero, fidelidad, generosidad, liberalidad».[7]

Sobre la base de los términos hebreo y griego que se traducen como «liberalidad», podríamos decir que es la acción espontánea de dar libremente desde la voluntad propia y de forma abundante sin disimulo o sin buscar intereses personales.

La liberalidad no es algo planeado, son los impulsos libres de la voluntad del hijo de Dios de dar al que necesita copiosamente por el simple hecho de verse enriquecido por Dios para poder suplir la necesidad del otro.

Cuando somos parte de un equipo, la liberalidad es pieza importante en la cooperación que existe entre el grupo, porque la mayoría del tiempo uno no planea si puede dar o no, solo vive dando en la misma proporción generosa en que Dios le da todos los días, haciendo que las riquezas de uno sean las riquezas de todo el equipo, que la abundancia de uno sea la abundancia de todo el ministerio.

LEA • REFLEXIONE • CONVERSE

Al leer los siguientes pasajes de la Escritura, reflexione sobre la importancia de la liberalidad. Escriba lo que Dios le está hablando, así como las decisiones que está tomando para practicarla.

Conversen en grupo acerca de lo que Dios les ha hablado a cada uno y sobre las decisiones a implementar.

Josías celebró la pascua a Jehová en Jerusalén, y sacrificaron la pascua a los catorce días del mes primero. Puso también a los sacerdotes en sus oficios, y los confirmó en el ministerio de la casa de Jehová. Y dijo a los levitas que enseñaban a todo Israel, y que estaban dedicados a Jehová: Poned el arca santa en la casa que edificó Salomón hijo de David, rey de Israel, para que no la carguéis más sobre los hombros. Ahora servid a Jehová vuestro Dios, y a su pueblo Israel. Preparaos según las familias de vuestros padres, por vuestros turnos, como lo ordenaron David rey de Israel y Salomón su hijo. Estad en el santuario según la distribución de las familias de vuestros hermanos los hijos del pueblo, y según la distribución de la familia de los levitas. Sacrificad luego la pascua; y después de santificaros, preparad a vuestros hermanos para que hagan conforme a la palabra de Jehová dada por medio de Moisés. Y dio el rey Josías a los del pueblo ovejas, corderos y cabritos de los rebaños, en número de treinta mil, y tres mil bueyes, todo para la pascua, para todos los que se hallaron presentes; esto de la hacienda del rey. También sus príncipes dieron con liberalidad al pueblo y a los sacerdotes y levitas. Hilcías, Zacarías y Jehiel, oficiales de la casa de Dios, dieron a los sacerdotes, para celebrar la pascua, dos mil seiscientas ovejas y trescientos bueyes. Asimismo Conanías, y Semaías y Natanael sus hermanos, y Hasabías, Jeiel y Josabad, jefes de los levitas, dieron a los levitas, para los sacrificios de la pascua, cinco mil ovejas y quinientos bueyes. (2 Crónicas 35.1–9)

Como nubes y vientos sin lluvia, así es el hombre que se jacta de falsa liberalidad. (Proverbios 25.14)

El que reparte, con liberalidad. (Romanos 12.8)

Cada uno dé como propuso en su corazón [...] Y poderoso es Dios para que abunde en vosotros toda gracia, a fin de que, teniendo siempre en todas las cosas todo lo suficiente, abundéis para toda buena obra [...] Y el que da semilla al que siembra, y pan al que come, proveerá y multiplicará vuestra sementera, y aumentará los frutos de vuestra justicia, para que estéis enriquecidos en todo para toda la liberalidad, la cual produce en medio de vosotros acción de gracias a Dios. Porque la ministración de este servicio no solamente suple lo que a los santos falta, sino que también abunda en muchas acciones de gracias a Dios; pues por la experiencia de esta ministración glorifican a Dios por la obediencia que profesáis al evangelio de Cristo, y por la liberalidad de vuestra contribución para ellos y para todos; asimismo en la oración de ellos por vosotros, a quienes aman a causa de la superabundante gracia de Dios en vosotros. (2 Corintios 9.7–14)

CAPÍTULO 7

El equipo y su compañerismo

VIVIR Y OBRAR EN COMUNIDAD

Mejores son dos que uno; porque tienen mejor paga de su trabajo.
Porque si cayeren, el uno levantará a su compañero; pero ¡ay del solo!
que cuando cayere, no habrá segundo que lo levante.

—Eclesiastés 4.9–10

Lo bueno del trabajo en equipo es que siempre tienes a otros de tu lado.

—Margaret Carty[1]

El COMPAÑERISMO le brinda al equipo el cuidado de Dios. *Es dedicarse a los demás en comunión experimentando vivencias que edifican.* Compañerismo es el vínculo que existe entre compañeros. Es la comunión, concordia y buena correspondencia entre los que trabajan juntos. Es tener algo en común. Es estar unidos en un mismo sentir. Es más que trabajar para el otro y con el otro, es participar en los sentimientos del otro o de todos. Es desarrollar con los demás un afecto o un estado de ánimo que provoca cuidar del otro manifestando un amor que busca su bienestar.

Compañerismo es tener comunión. En el compañerismo, la comunión es el elemento fundamental. La comunión es la participación e interacción entre dos o más personas. La comunión es básicamente incluir al otro o a los otros en el espacio de la vida personal y, en el caso del equipo, en el espacio del ministerio. Para incluir se necesita prestar atención y aceptar a los demás tal como son.

Comunión = prestar atención + aceptar + incluir

Lo expresaré en forma negativa: si no saludo a los demás, que es la señal básica de prestar atención, jamás podré conocerlos para aprender a aceptarlos, por lo tanto, nunca serán parte de mi vida y ministerio. Podremos estar en la misma iglesia y el mismo ministerio, pero a la vez estar ajenos uno del otro.

La comunión es una decisión voluntaria de los integrantes de un equipo, que pueden o no practicar el compañerismo, es decir, la participación e interacción con los demás. El compañerismo en su manifestación de comunión es indispensable en todo equipo ministerial.

Trabajar en el ministerio con personas con las cuales uno no interacciona a nivel personal ni con las cuales participa en lo real de la vida, transforma el espacio de servicio al Señor en un lugar de tensiones y agresiones personales. Cuando el trabajo es el vínculo principal entre los miembros del equipo, entonces se lastimarán periódicamente, porque el cuidado está en el producto. Pero cuando la relación personal es el vínculo principal entre los miembros del equipo, entonces se edificarán y sanarán periódicamente, porque el cuidado está en las personas que realizan el trabajo.

Cada uno decide con quién participa, interacciona y desarrolla comunión. Así como cada uno decide si extiende la diestra en señal de compañerismo; es decir, se asocia, participa e interacciona socialmente en procura de ayudar a aquellos con los que sirve en el ministerio.

LEA • REFLEXIONE • CONVERSE

Al leer los siguientes pasajes de la Escritura, reflexione sobre la importancia de la comunión en el equipo. Escriba lo que Dios le está hablando, así como las decisiones que está tomando para practicar la comunión.

Conversen en grupo acerca de lo que Dios les ha hablado a cada uno y sobre las decisiones a implementar.

No os unáis en yugo desigual con los incrédulos; porque ¿qué *compañerismo* [participación, interacción] tiene la justicia con la injusticia? ¿Y qué *comunión* la luz con las tinieblas? ¿Y qué *concordia* Cristo con Belial? ¿O qué parte el creyente con el incrédulo? (2 Corintios 6.14–15, énfasis añadido)

(Pues el que actuó en Pedro para el apostolado de la circuncisión, actuó también en mí para con los gentiles), y reconociendo la gracia que me había sido dada, Jacobo, Cefas y Juan, que eran considerados como columnas, nos dieron a mí y a Bernabé *la diestra en señal de compañerismo* [sociedad, participación o interacción social o beneficio. Ayuda, comunión, contribución, participación], para que nosotros fuésemos a los gentiles, y ellos a la circuncisión. Solamente nos pidieron que nos acordásemos de los pobres; lo cual también procuré con diligencia hacer. (Gálatas 2.8–10, énfasis añadido)

Compañerismo es ser compañeros. El compañerismo es el vínculo que existe entre compañeros. La definición popular de «compañero» es «cada uno de los individuos de que se compone un cuerpo o una comunidad y que se acompañan para algún fin».[2] En el texto bíblico encontramos a Pablo permanentemente usando la expresión compañero para referirse a aquellos que servían con él en el ministerio.

> Habiendo zarpado de Pafos, Pablo y sus *compañeros* arribaron a Perge de Panfilia; pero Juan, apartándose de ellos, volvió a Jerusalén. (Hechos 13.13, énfasis añadido)

> Cuando oyeron estas cosas, se llenaron de ira, y gritaron, diciendo: ¡Grande es Diana de los efesios! Y la ciudad se llenó de confusión, y a una se lanzaron al teatro, arrebatando a Gayo y a Aristarco, macedonios, *compañeros de Pablo*. Y queriendo Pablo salir al pueblo, los discípulos no le dejaron. (Hechos 19.28–30, énfasis añadido)

La manera en que se ven entre ellos los integrantes de un equipo determina el ambiente de trabajo. En el ministerio, al trabajar juntos, somos colaboradores de Cristo, pero compañeros de los que sirven junto a nosotros.

Un compañero es aquel que es socio, cómplice, participante de lo mismo. Los miembros de un equipo que han construido una relación de compañeros saben que los que sirven con ellos son socios y cómplices que participan en el ministerio en todas sus manifestaciones, sea en lo emocional (compañeros de aflicciones y compañeros de consolación), sea en las confrontaciones con el reino de las tinieblas (compañeros de milicia, compañeros en el esfuerzo y en la lucha), sea en el trabajo (compañeros colaboradores, compañeros colegas), sea en el alcance geográfico (compañeros de peregrinación), sea en las demandas y desafíos (compañeros en yugo común, compañeros fieles), sea en los proyectos a realizar (compañeros de campaña) o sea en la persecución por predicar el evangelio (compañeros de prisiones).

Algo es cierto, deberíamos considerar como compañeros a los que trabajan con nosotros en el mismo equipo ministerial.

LEA • REFLEXIONE • CONVERSE

Al leer los siguientes pasajes de la Escritura, reflexione sobre la importancia de ver y sentir a los demás como compañeros. Escriba lo que Dios le está hablando, así como las decisiones que está tomando para ver como compañeros a los otros y ser compañero de ellos.

Conversen en grupo acerca de lo que Dios les ha hablado a cada uno y las decisiones a implementar.

Y enviamos juntamente con él al hermano cuya alabanza en el evangelio se oye por todas las iglesias; y no sólo esto, sino que también fue designado por las iglesias como *compañero de nuestra peregrinación* para llevar este donativo, que es administrado por nosotros para gloria del Señor mismo, y para demostrar vuestra buena voluntad; evitando que nadie nos censure en cuanto a esta ofrenda abundante que administramos. (2 Corintios 8.18–20, énfasis añadido)

En cuanto a Tito, es *mi compañero* [socio, asociado, cómplice, participante] y colaborador para con vosotros; y en cuanto a nuestros hermanos, son mensajeros de las iglesias, y gloria de Cristo. (2 Corintios 8.23, énfasis añadido)

Asimismo te ruego también a ti, *compañero* [en yugo común, colega] fiel, que ayudes a éstas que combatieron juntamente conmigo en el evangelio, con Clemente también y los demás colaboradores míos, cuyos nombres están en el libro de la vida. (Filipenses 4.3, énfasis añadido)

Aristarco, *mi compañero de prisiones*, os saluda, y Marcos el sobrino de Bernabé, acerca del cual habéis recibido mandamientos; si fuere a vosotros, recibidle. (Colosenses 4.10, énfasis añadido)

Saludad a Andrónico y a Junias, mis parientes y *mis compañeros de prisiones*, los cuales son muy estimados entre los apóstoles, y que también fueron antes de mí en Cristo. (Romanos 16.7, énfasis añadido)

Nuestra esperanza respecto de vosotros es firme, pues sabemos que así como sois *compañeros* [socio, asociado, cómplice, participante] *en las aflicciones*, también lo sois en *la consolación*. (2 Corintios 1.7, énfasis añadido)

Y confío en el Señor que yo también iré pronto a vosotros. Mas tuve por necesario enviaros a Epafrodito, mi hermano y colaborador y *compañero* [coadjutor: persona que ayuda y acompaña a otra en ciertas cosas. Eclesiástico que tiene un título y disfruta de una dotación para ayudar al párroco en la cura de almas] *de milicia* [asociado en el esfuerzo, en la lucha], vuestro mensajero, y ministrador de mis necesidades; porque él tenía gran deseo de veros a todos vosotros, y gravemente se angustió porque habíais oído que había enfermado. (Filipenses 2.24–26, énfasis añadido)

Y a la amada hermana Apia, y a Arquipo nuestro *compañero de milicia* [compañero de campaña] [...] Así que, si me tienes por *compañero* [socio, asociado, cómplice], recíbele como a mí mismo. Y si en algo te dañó, o te debe, ponlo a mi cuenta [...] Te saludan Epafras, mi *compañero de prisiones* por Cristo Jesús, Marcos, Aristarco, Demás y Tucas, mis colaboradores. (Filemón 1.2, 17–18, 23–24, énfasis añadido)

Compañerismo es amistad. Cuando en el equipo se tiene una comunión que cultiva el ser compañeros en el ministerio, es común ver que entre sus integrantes se construye un alto grado de amistad, como una familia muy cercana, porque el objetivo del grupo como una unidad común radica, por un lado, en vencer las divisiones y, por el otro, en fortalecer a cada uno de los miembros a través de la convivencia y el obrar divino.

Por medio del apoyo mutuo, la amistad y la unión como una familia, el grupo alcanza una dimensión de unidad tanto interna como externa. Esto produce esperanza en las relaciones interpersonales de la comunidad: «Y nuestra esperanza respecto de vosotros es firme, pues sabemos que así como sois compañeros en las aflicciones, también lo sois en la consolación» (2 Corintios 1.7).

También se alcanza la confianza y la transparencia en la comunidad, lo cual es sanador y liberador: «Pero si andamos en luz, como él está en luz, tenemos comunión unos con otros, y la sangre de Jesucristo su Hijo nos limpia de todo pecado» (1 Juan 1.6–7).

El compañerismo en el equipo debe ser la amistad que activa el amor protector de Dios entre sus integrantes. Saber que estamos trabajando con amigos a través de los cuales Dios va a manifestar su amor para nuestra vida es reconfortante y alentador. Habrá momentos difíciles y algunos más fáciles, acciones y decisiones de otros en el equipo que serán agradables y también desagradables. Pero siempre se tiene la seguridad de que ese otro es un canal de la expresión del amor de Dios para nuestra vida.

LEA • REFLEXIONE • CONVERSE

Al leer los siguientes pasajes de la Escritura, reflexione sobre la importancia de la amistad en el equipo y cómo esa amistad expresa el amor de Dios. Escriba lo que Dios le está hablando, así como las decisiones que está tomando para ser un amigo a través del cual Dios expresa su amor hacia los demás.

Conversen en grupo acerca de lo que Dios les ha hablado a cada uno y las decisiones a implementar.

En todo tiempo ama el amigo, y es como un hermano en tiempo de angustia. (Proverbios 17.17)

Este es mi mandamiento: Que os améis unos a otros, como yo os he amado. Nadie tiene mayor amor que este, que uno ponga su vida por sus amigos. Vosotros sois mis amigos, si hacéis lo que yo os mando. Ya no os llamaré siervos, porque el siervo no sabe lo que hace su señor; pero os he llamado amigos, porque todas las cosas que oí de mi Padre, os las he dado a conocer. No me elegisteis vosotros a mí, sino que yo os elegí a vosotros, y os he puesto para que vayáis y llevéis fruto, y vuestro fruto permanezca; para que todo lo que pidiereis al Padre en mi nombre, él os lo dé. Esto os mando: Que os améis unos a otros. (Juan 15.12–17)

Compartir

Compartir es estar con los demás para conocerles.

El compañerismo genuino en un equipo comienza al compartir momentos de intimidad con los demás. Pareciera que el único tiempo que los equipos ministeriales pasan juntos es el que tiene que ver con una reunión de equipo o con las actividades del ministerio. Así que la única interacción personal gira alrededor de la tensión del trabajo que realizan. El compañerismo necesita que se compartan momentos con los demás que sean más personales e informales. Comer juntos, salir a tomar un café, reunirse solo para estar con el otro, y hablar y conocerse en lo personal. Conocer lo que le gusta o le disgusta al otro; saber cómo se siente física, emocional o espiritualmente, qué metas quiere alcanzar en su vida, etc. Es decir, todo aquello que no tiene que ver con el trabajo del equipo, sino con lo personal de cada uno.

El compañerismo

Se desarrolla y crece en un equipo cuando sus integrantes le dan prioridad a compartir tiempos personales, cultivan la confianza unos con otros, aprenden a tener compasión con los demás, y alcanzan un grado de *accountability* moral y espiritual entre ellos, en la cual se tiene la libertad, de ser necesario, de confrontarse para corrección y restauración.

El corazón siempre necesita otro corazón, sea que esté feliz o en medio de un profundo sufrimiento. Se suele decir que una alegría compartida es doble alegría mientras que un dolor compartido es medio dolor.

En cuanto al momento en que Jesús comenzó su ministerio y formó su equipo de trabajo, el evangelio dice:

Después subió al monte, y llamó a sí a los que él quiso; y vinieron a él. Y estableció a doce, para que estuviesen con él, y para enviarlos a predicar, y que tuviesen autoridad para sanar enfermedades y para echar fuera demonios: a Simón, a quien puso por sobrenombre Pedro; a Jacobo hijo de Zebedeo, y a Juan hermano de Jacobo, a quienes apellidó Boanerges, esto es, Hijos del trueno; a Andrés, Felipe, Bartolomé, Mateo, Tomás, Jacobo hijo de Alfeo, Tadeo, Simón el canonista, y Judas Iscariote, el que le entregó. Y vinieron a casa. (Marcos 3.13–19)

Estoy convencido de que el Espíritu Santo dejó registradas las palabras de este pasaje en este orden de manera intencional. Note que antes de llamarlos para enviarlos a predicar y darles autoridad para sanar enfermedades y echar fuera demonios, los llamó para que estuvieran con Él. En un sentido, cuando servimos a Jesús, es importante recordar que antes del llamado a trabajar en el ministerio para Él, Jesús nos llamó para que estemos a su lado. Jesús quiere estar con nosotros, esa es su intensión primaria. ¿Cuánto hace que no está con Jesús aunque ha realizado por mucho tiempo actividades para la iglesia del Señor?

Por otro lado, Jesús nos está modelando la importancia de compartir tiempo los unos con los otros, tiempo que podemos estar con la otra persona, no solamente trabajar con ella. La intimidad que Jesús cultivó con sus discípulos es notoria y clave para lo que ellos terminaron siendo en el reino. La predicación y las obras poderosas que realizaron en el nombre de Jesús estaban sostenidas por su relación personal e íntima con Jesús. Los miembros de un equipo de ministerio necesitan sentir que su equipo es una comunidad donde pueden encontrar espacios de intimidad con Jesús, pero además con sus compañeros de equipo que viven también en relación con Jesús, y que les ayude a crecer como personas y los prepare para el llamado personal de Dios en sus vidas.

LEA • REFLEXIONE • CONVERSE

Al leer los siguientes pasajes de la Escritura, reflexione sobre la importancia de generar espacios de tiempo fuera del trabajo del ministerio para cultivar una relación interpersonal. Escriba lo que Dios le está hablando, así como las decisiones que está tomando para compartir más tiempo personal con sus compañeros.

> Conversen en grupo acerca de lo que Dios les ha hablado a cada uno y las decisiones a implementar.
>
> Y perseverando unánimes cada día en el templo, y partiendo el pan en las casas, comían juntos con alegría y sencillez de corazón. (Hechos 2.46)
>
> Y halló a un judío llamado Aquila, natural del Ponto, recién venido de Italia con Priscila su mujer, por cuanto Claudio había mandado que todos los judíos saliesen de Roma. Fue a ellos, y como era del mismo oficio, se quedó con ellos, y trabajaban juntos, pues el oficio de ellos era hacer tiendas. (Hechos 18.2–3)

Confianza

La confianza consiste en creer en los demás para habilitarlos.

La confianza es la seguridad o gran esperanza que se tiene en el otro. La confianza es el elemento básico para encargar o poner al cuidado de alguien alguna cosa. Es la esperanza firme que una persona tiene en que otra actúe como ella desea o espera.

En cierta oportunidad llegué a ministrar a una iglesia y observé que el pastor manejaba el colectivo que buscaba a los miembros que no poseían transporte para asistir a la reunión, y además abría y cerraba el templo. También fue el que dirigió la alabanza y recolectó y contó la ofrenda. Al final de la reunión le comenté al pastor lo que había observado, y él me respondió: «No se puede confiar en nadie, todos me han fallado, nadie es responsable en lo que se le asigna». Con el correr de los años he observado cómo esta historia se repite en otras iglesias. ¡Qué bueno sería que cada pastor pudiera decir como el apóstol Pablo cuando hablaba de los integrantes de su equipo de ministerio! «Me gozo de que en todo tengo confianza en vosotros» (2 Corintios 7.16).

Debemos cuidarnos de la falacia de que no podemos confiar en nadie, así como de que debemos confiar ciegamente en todos. El que confía en todas las personas muestra que tiene poca capacidad de discernir y distinguir el bien del mal y lo verdadero de lo falso; el que no confía en nadie muestra que tiene todavía menos discernimiento.

Lo que sí es cierto es que debemos construir en el equipo, de manera intencional, la confianza en las personas y el trabajo que realizan. La confianza es algo que se gana. Que otros confíen en mí, es algo que debo ganarme a través de mi conducta, fidelidad y lealtad.

Suelo decirle a la iglesia que lo que predicamos es lo que debe respirarse en el ambiente de la comunidad de creyentes. Si predicamos a Jesucristo como salvador, sanador y libertador, toda persona que está entre nosotros debe sentirse a salvo y segura, recibir salud, experimentar libertad entre y con nosotros. Pero muchas veces vemos congregaciones donde lo que menos se respira es salvación, sanidad y libertad, porque la comunidad de creyentes está llena de chisme, celos y enojos. La confianza entre los miembros de una iglesia y en un equipo es la llave que abre la puerta de la seguridad, la salvación y la sanidad entre sus miembros.

LEA • REFLEXIONE • CONVERSE

Al leer los siguientes pasajes de la Escritura, reflexione sobre la importancia de cultivar la confianza entre los miembros del equipo y cómo esa confianza puede crear un ambiente de salud y libertad. Escriba lo que Dios le está hablando, así como las decisiones que está tomando para que sus compañeros vean en usted a alguien confiable.

Conversen en grupo acerca de lo que Dios les ha hablado a cada uno y las decisiones a implementar.

Uno debería ser compasivo con un amigo abatido, pero tú me acusas sin ningún temor del Todopoderoso. Hermanos míos, han demostrado ser tan poco confiables como un arroyo de temporada que desborda su cauce en la primavera, cuando crece por el hielo y por la nieve derretida; pero en la estación cálida, el agua desaparece y el arroyo se desvanece en el calor. (Job 6.14–17, NTV)

¡Si tan sólo mi cabeza fuera una laguna y mis ojos una fuente de lágrimas, lloraría día y noche por mi pueblo que ha sido masacrado! Desearía poder marcharme y olvidarme de mi pueblo y vivir en una choza para viajeros en el desierto. Pues todos ellos son adúlteros, una banda de mentirosos traicioneros. «Mi pueblo encorva sus lenguas como arcos para lanzar mentiras. Se rehúsan a defender la verdad; solo van de mal en peor. Ellos no me conocen», dice el SEÑOR. «¡Cuidado con tu vecino, ni siquiera confíes en tu hermano! Pues un hermano saca ventaja de su hermano, y un amigo calumnia a su amigo. Todos se engañan y se estafan entre sí; ninguno dice la verdad. Con la lengua, entrenada a fuerza de práctica, dicen mentiras; pecan hasta el cansancio. Amontonan mentira sobre mentira y rechazan por completo reconocerme», dice el SEÑOR. Por lo tanto, esto dice el SEÑOR de los Ejércitos Celestiales: «Mira, los derretiré en el crisol y los probaré como al metal. ¿Qué más puedo hacer con mi pueblo? Pues sus lenguas lanzan mentiras como flechas envenenadas. Dicen palabras amistosas a sus vecinos mientras en el corazón traman matarlos». (Jeremías 9.1–8, NTV)

Mi propósito, entonces, no fue escribir acerca de quién causó el daño o quién resultó dañado. Les escribí para que, a los ojos de Dios, pudieran comprobar por sí mismos qué tan leales son a nosotros. Esto nos ha alentado en gran manera. Además de nuestro propio aliento, nos deleitamos particularmente al ver lo feliz que estaba Tito por la manera en que todos ustedes lo recibieron y lo tranquilizaron. Le dije lo orgulloso que estaba de ustedes, y no me decepcionaron. Siempre les he dicho la verdad ¡y ahora mi jactancia ante Tito también resultó ser cierta! Ahora él se preocupa por ustedes más que nunca cuando recuerda cómo todos lo obedecieron y cómo lo recibieron con tanto temor y profundo respeto. Ahora estoy muy feliz porque tengo plena confianza en ustedes. (2 Corintios 7.12–16, NTV)

Procurando hacer las cosas honradamente, no sólo delante del Señor sino también delante de los hombres. Enviamos también con ellos a nuestro hermano, cuya diligencia hemos comprobado repetidas veces en muchas cosas, y ahora mucho más diligente por la mucha confianza que tiene en vosotros. (2 Corintios 8.21–22)

Pero fiel es el Señor, que os afirmará y guardará del mal. Y tenemos confianza respecto a vosotros en el Señor, en que hacéis y haréis lo que os hemos mandado. Y el Señor encamine vuestros corazones al amor de Dios, y a la paciencia de Cristo. (2 Tesalonicenses 3.3–5)

> Porque los que ejerzan bien el diaconado, ganan para sí un grado honroso, y mucha confianza en la fe que es en Cristo Jesús. (1 Timoteo 3.13)

Compasión

La compasión es sentir lo que sienten los demás para ministrarlos.

Arenal dice en el *Manual del visitador del pobre*: «Hay gran diferencia entre impresionarse con los males de nuestros hermanos, y afligirse. Para lo primero basta imaginación, y se necesita corazón para lo segundo».[3]

La palabra *compasión* se traduce del hebreo *rahámím*, que tiene relación con «vientre», y del griego *splanchna*, «entrañas», términos que nos dan la idea de un interés por otro con gran sentimiento. Expresan el tener o sentir piedad, sufriendo con el otro al grado que se es movido para obrar a favor del prójimo en necesidad. La compasión es el motor primario en todo creyente para ayudar a su prójimo.

La misericordia es el origen espiritual de la compasión. La palabra del Antiguo Testamento para misericordia es *hesed*, e incluye la idea de «un amor constante».[4] Las palabras del Nuevo Testamento son *eleos* y *oiktirmos*, que revelan la idea de piedad, misericordia y compasión.

La misericordia, como uno de los atributos morales de Dios, expresa la bondad y el amor de Dios por el culpable y miserable. Incluye la piedad, compasión, gentileza, paciencia. Lo cierto es que todos los que vivimos una vida nueva en Cristo hemos sido recibidos por la misericordia del Señor (ver 1 Timoteo 1.13; 2 Corintios 4.1; 1 Pedro 2.10).

Jesús mostró permanentemente en su ministerio compasión por la gente, y por esa compasión sanaba, liberaba, enseñaba, e incluso les daba de comer: «Y al ver las multitudes, tuvo compasión de ellas; porque estaban desamparadas y dispersas como ovejas que no tienen pastor» (Mateo 9.36). «Y saliendo Jesús, vio una gran multitud, y tuvo compasión de ellos, y sanó a los que de ellos estaban enfermos»

(Mateo 14.14). «Y Jesús, llamando a sus discípulos, dijo: Tengo compasión de la gente, porque ya hace tres días que están conmigo, y no tienen qué comer; y enviarlos en ayunas no quiero, no sea que desmayen en el camino» (Mateo 15.32).

También Jesús le dio gran importancia en su enseñanza a tener misericordia en nuestro diario vivir (ver Lucas 10.33; Mateo 18.27; Lucas 15.20). Y cuando Jesús es el Señor de nuestras vidas, mostrar compasión los unos por los otros debería resultar natural y practicable (ver Filipenses 2.1; 1 Pedro 3.8).

Es importante que se procure la misericordia que activa la compasión entre los que trabajan juntos en un equipo, porque es lo que da la capacidad de abrazar y ayudar al compañero. Tristemente he visto que en los equipos ministeriales hay falta de misericordia cuando alguien del equipo se equivoca, se cae o se debilita. El problema es que responden al fracaso de los demás a través de la consagración propia. Es común ver que mientras alguien se siente más cerca de Dios, más rechazo experimenta por parte del que tiene cierta lejanía de Él. Mientras uno se siente más santo, más tiende a señalar las faltas de los demás. Es muy importante crecer en nuestra consagración personal, pero al mismo tiempo resulta importante añadirle a la consagración la misericordia y la compasión, que ayudan a levantar al caído, en lugar de juzgarlo. Eso es lo que Pablo quiso decir cuando escribió: «Hermanos, si alguno fuere sorprendido en alguna falta, vosotros que sois espirituales, restauradle con espíritu de mansedumbre, considerándote a ti mismo, no sea que tú también seas tentado. Sobrellevad los unos las cargas de los otros, y cumplid así la ley de Cristo» (Gálatas 6.1–2).

LEA • REFLEXIONE • CONVERSE

Al leer los siguientes pasajes de la Escritura, reflexione sobre la importancia de cultivar la misericordia y la compasión entre los miembros del equipo, y de qué manera puede crear un ambiente de salvación y libertad. Escriba lo que Dios le está hablando, así como las decisiones que está tomando para ser más compasivo y misericordioso.

Conversen en grupo acerca de lo que Dios les ha hablado a cada uno y las decisiones a implementar.

De manera que, teniendo diferentes dones, según la gracia que nos es dada [...] el que hace misericordia, con alegría. (Romanos 12.6, 8)

Así que, los que somos fuertes debemos soportar las flaquezas de los débiles, y no agradarnos a nosotros mismos. Cada uno de nosotros agrade a su prójimo en lo que es bueno, para edificación. Porque ni aun Cristo se agradó a sí mismo; antes bien, como está escrito: Los vituperios de los que te vituperaban, cayeron sobre mí. (Romanos 15.1–3)

Finalmente, sed todos de un mismo sentir, compasivos, amándoos fraternalmente, misericordiosos, amigables; no devolviendo mal por mal, ni maldición por maldición, sino por el contrario, bendiciendo, sabiendo que fuisteis llamados para que heredaseis bendición. (1 Pedro 3.8–9)

Por lo cual el reino de los cielos es semejante a un rey que quiso hacer cuentas con sus siervos. Y comenzando a hacer cuentas, le fue presentado uno que le debía diez mil talentos. A éste, como no pudo pagar, ordenó su señor venderle, y a su mujer e hijos, y todo lo que tenía, para que se le pagase la deuda. Entonces aquel siervo, postrado, le suplicaba, diciendo: Señor, ten paciencia conmigo, y yo te lo pagaré todo. El señor de aquel siervo, movido a misericordia, le soltó y le perdonó la deuda. Pero saliendo aquel siervo, halló a uno de sus consiervos, que le debía cien denarios; y asiendo de él, le ahogaba, diciendo: Págame lo que me debes. Entonces su consiervo, postrándose a sus pies, le rogaba diciendo: Ten paciencia conmigo, y yo te lo pagaré todo. Mas él no quiso, sino fue y le echó en la cárcel, hasta que pagase la deuda. Viendo sus consiervos lo que pasaba, se entristecieron mucho, y fueron y refirieron a su señor todo lo que había pasado. Entonces, llamándole su señor, le dijo: Siervo malvado, toda aquella deuda te perdoné, porque me rogaste. ¿No debías tú también tener misericordia de tu consiervo, como yo tuve misericordia de ti? Entonces su señor, enojado, le entregó a los verdugos, hasta que pagase todo lo que le debía. Así también mi Padre celestial hará con vosotros si no perdonáis de todo corazón cada uno a su hermano sus ofensas. (Mateo 18.23–35)

Confrontar

Confrontar es tratar a los demás con amor cuando nos fallaron.

Donde hay dos o más personas existe la posibilidad de conflictos, malos entendidos, y que hayan conductas o actitudes dañinas. Y claro está que hay diferentes maneras en que las personas que integran el equipo enfrentan los conflictos o incluso las actitudes o conductas de sus compañeros. Algunos tenderán a pelear hasta ganar, otros prefieren escapar evitando tratar el problema, e incluso pensando en abandonar el equipo o el ministerio, y otros deciden ceder para no tener problemas, dejando que los demás hagan lo que quiera. Todas estas formas son incorrectas. Todas estas maneras permiten que el conflicto o la mala actitud o conducta de alguien más sean destructivos para el equipo.

Todo equipo debe ponerse de acuerdo en cómo enfrentarán estos momentos. En un equipo donde se busca el compañerismo es importante saber cómo tener una confrontación correcta que transforme los conflictos, que potencialmente pueden ser destructivos, en una situación de crecimiento y edificación para el grupo y los individuos. La única manera correcta es aprender a confrontar a los demás con amor.

Confrontación es ponerse frente a frente. Es un careo entre dos o más personas buscando restauración. La confrontación en un equipo debe hacerse con amor. Lo cierto es que la confrontación y el amor parecieran que no son compatibles. Pero cuando hablamos de confrontar con amor, estamos hablando de enfrentar a un compañero para ayudarle a corregir algo, o para buscar una corrección en alguna actitud o conducta que puede ser dañina en lo personal o lo grupal. Por eso el proverbista dijo: «Mejor es represión manifiesta que amor oculto. Fieles son las heridas del que ama; pero importunos los besos del que aborrece» (Proverbios 27.5, 6).

Para una confrontación saludable, que manifieste el amor que corrige y restaura, sugiero que se tengan en cuenta ciertos elementos que deben existir en el equipo como una comunidad de compañeros de ministerio. Quiero mencionar los que a mi entender son esencia-les, pero no son los únicos.

> ## LEA • REFLEXIONE • CONVERSE
>
> Cada uno de estos elementos será relacionado con Escrituras afines al principio expuesto. Al leerlos, reflexione sobre la importancia de la confrontación y del principio expuesto. Escriba lo que Dios le está hablando, así como las decisiones que está tomando para tratar a los que fallan con un amor que corrige y restaura.
>
> Conversen en grupo sobre lo que Dios les ha hablado a cada uno y sobre las decisiones a implementar.

Desarrollen en el equipo una cultura de *accountability*. La palabra *accountable*, del inglés, no tiene traducción en el castellano, porque no existe el concepto en nuestra cultura. Una palabra define una costum-bre, un principio o un valor de una sociedad, una cultura o una co-munidad. En español los contrastes de responsable/irresponsable, o dar cuentas/no dar cuentas, no tienen el significado y la fuerza que poseen las palabras contrastantes *accountable/unaccountable* en inglés. Por eso quiero aclarar el concepto. *Accountability* es la condición de ser llamado a cuentas, de estar disponible para que se le pregunte sobre su persona y conducta dando cuentas de sí mismo, con la disponibilidad de aceptar, entender y cambiar de ser necesario.

Desarrollar una cultura de *accountability* significa que hay un acuerdo en el grupo de que cada integrante está dispuesto a actuar ante la voz de Dios y los demás compañeros de equipo para tratar con sus conductas, actitudes y carácter. No importa quiénes seamos, todos debemos tener la humildad de aceptar nuestras acciones y cambiar. Una cultura de *accountability* en un equipo significa que sus miembros, así como le dan el permiso a Dios para que los confronte, se lo dan a sus compañeros, teniendo la disposición para aceptar, entender y cam-biar de ser necesario.

El día siguiente, mientras el soldado y los sirvientes se acercaban al puerto de Jope, Pedro subió a la azotea de la casa para orar. Era como el mediodía. De pronto, sintió hambre y quiso comer algo. Mientras le preparaban la comida, Pedro tuvo una visión. Vio que el cielo se abría, y que algo como un gran manto bajaba a la tierra colgado de las cuatro puntas. En el manto había toda clase de animales, hasta reptiles y aves. Pedro oyó la voz de Dios, que le decía: «¡Pedro, mata y come de estos animales!». Pedro respondió: «¡No, Señor, de ninguna manera! Nuestra ley no nos permite comer carne de esos animales, y yo jamás he comido nada que esté prohibido». Dios le dijo: «Pedro, si yo digo que puedes comer de estos animales, no digas tú que son malos». Esto ocurrió tres veces. Luego, Dios retiró el manto y lo subió al cielo. Mientras tanto, Pedro se quedó admirado, pensando en el significado de esa visión. En eso, los hombres que Cornelio había enviado llegaron a la casa de Simón y preguntaron: «¿Es aquí donde vive un hombre llamado Pedro?». Pedro seguía pensando en lo que había visto, pero el Espíritu del Señor le dijo: «Mira, unos hombres te buscan. Baja y vete con ellos. No te preocupes, porque yo los he enviado» [...] Un día después llegaron a Cesarea. Cornelio estaba esperándolos, junto con sus familiares y un grupo de sus mejores amigos, a quienes él había invitado. Cuando Pedro estuvo frente a la casa, Cornelio salió a recibirlo, y con mucho respeto se arrodilló ante él. Pedro le dijo: «Levántate Cornelio, que no soy ningún dios». Luego se pusieron a conversar, y entraron juntos en la casa. Allí Pedro encontró a toda la gente que se había reunido para recibirlo, y les dijo: —Ustedes deben saber que a nosotros, los judíos, la ley no nos permite visitar a personas de otra raza ni estar con ellas. Pero Dios me ha mostrado que yo no debo rechazar a nadie. Por eso he aceptado venir a esta casa. Díganme, ¿para qué me han hecho venir? (Hechos 10.9–29, TLA)

Cuando Pedro vino a la ciudad de Antioquía, me enfrenté a él y le dije que no estaba bien lo que hacía. Pues antes de que llegaran los judíos que Santiago envió, Pedro comía con los cristianos que no son judíos, pero en cuanto llegaron los judíos dejó de hacerlo, porque les tenía miedo. Pedro y los judíos disimularon muy bien sus verdaderos sentimientos, y hasta el mismo Bernabé les creyó. ¡Esa conducta iba en contra del verdadero mensaje de la buena noticia! Por eso, hablé con Pedro delante de todos los miembros de la iglesia de Antioquía, y le dije: «Tú, que eres judío, has estado viviendo como si no lo fueras. ¿Por qué, entonces, quieres obligar a los que no son judíos a vivir como si lo fueran?». (Gálatas 2.11–14, TLA)

Promuevan en el equipo el autoexamen como una disciplina espiritual. El autoexamen como disciplina es preventivo, porque le permite a cada miembro del equipo pesar sus conductas y actitudes, y cambiar sin necesidad de ser confrontado por Dios o los demás. Ese es el reclamo de Pablo cuando le dice a la iglesia de Corinto: «Por lo cual hay muchos enfermos y debilitados entre vosotros, y muchos duermen. Si, pues, nos examinásemos a nosotros mismos, no seríamos juzgados; mas siendo juzgados, somos castigados por el Señor, para que no seamos condenados con el mundo» (1 Corintios 11.30–32).

Examinaos a vosotros mismos si estáis en la fe; probaos a vosotros mismos. ¿O no os conocéis a vosotros mismos, que Jesucristo está en vosotros, a menos que estéis reprobados? (2 Corintios 13.5)

Por otro lado, para que toda confrontación sea saludable se debe tener presente que así como cada uno está disponible para que los demás traten con su conducta y carácter, cada uno debe tener la disciplina de considerar antes su propia condición. El autoexamen ayuda a que llegado el caso de que alguien necesite confrontar a otro, lo haga consciente de que se es falible y no infalible. De esta manera la confrontación se hará en un espíritu de mansedumbre y no de agresividad, y en forma de llamado a la redención y restauración, no en forma de juicio condenatorio.

No juzguéis, para que no seáis juzgados. Porque con el juicio con que juzgáis, seréis juzgados, y con la medida con que medís, os será medido. ¿Y por qué miras la paja que está en el ojo de tu hermano, y no echas de ver la viga que está en tu propio ojo? ¿O cómo dirás a tu hermano: Déjame sacar la paja de tu ojo, y he aquí la viga en el ojo tuyo? ¡Hipócrita! saca primero la viga de tu propio ojo, y entonces verás bien para sacar la paja del ojo de tu hermano. (Mateo 7.1–5)

Hermanos, si alguno fuere sorprendido en alguna falta, vosotros que sois espirituales, restauradle con espíritu de mansedumbre, considerándote a ti mismo, no sea que tú también seas tentado. Sobrellevad los unos las cargas de los otros, y cumplid así la ley de Cristo. (Gálatas 6.1–2)

Que el equipo conozca el proceso a seguir cuando se debe confrontar a alguien. El Señor Jesús estableció (registrado en Mateo 18.15–22) los principios espirituales y los pasos que se debían seguir cuando un hermano peca contra otro. Estos principios y pasos son la columna vertebral de toda motivación y todo proceso de confrontación saludable en un equipo de ministerio. Todo agregado a un proceso de confrontación que se tenga establecido debería girar alrededor de los siguientes principios y pasos:

Principios

1. Primero, el proceso de confrontación debe ser gradual e ir de lo personal a lo público.
2. Segundo, el proceso de confrontación busca desatar la vida de la persona y la vida del equipo de todo aquello que trae daño,

muerte y destrucción. Si lo desatamos en lo terrenal, entonces será desatado en lo espiritual.

3. Tercero, el proceso de confrontación busca fortalecer la unidad y el común acuerdo del equipo, porque eso permite que la presencia de Dios obre libremente en el equipo.

4. Cuarto, el proceso de confrontación debe liberar perdón y no culpabilidad sobre quien está en falta. Perdonar es quitar la culpa del culpable. Es decir, al final del proceso la persona que se equivocó o tuvo una mala actitud o conducta, si aceptó su error y se arrepintió buscando cambiar, debe quedar libre de culpa para seguir sirviendo al Señor con el resto del equipo. Pero también es cierto que los demás integrantes del equipo deben salir de la confrontación con un corazón libre de toda condenación hacia el que falló, y no permitirse después del tiempo de confrontación participar en conversaciones innecesarias o chismes al respecto.

Pasos

1. Primero, hablarle en privado y hacerle ver su falta.

2. Segundo, si no hace caso, hablarle con uno o dos testigos que puedan confirmar todo lo que se le diga.

3. Tercero, si se niega a escuchar, se deberá llevar el caso ante la iglesia, es decir, ante el liderazgo principal de la congregación.

4. Cuarto, si la persona no acepta la confrontación del liderazgo de la iglesia, entonces debemos tratarla como gentil o publicana; o sea, como alguien que no ha nacido de nuevo y por ende no tiene la convicción del Espíritu Santo en cuanto a su pecado o conducta dañina. En este punto del proceso la forma de tratar con la persona cambia, no se le puede seguir tratando como a un creyente, sea este carnal o espiritual, sino como a alguien que necesita nacer de nuevo.

Además es importante reconocer que en el proceso de confrontación se deben escoger los momentos y lugares correctos para tal fin. No debemos cometer la imprudencia de alterar el proceso que Jesús nos enseñó. Por otro lado, no debemos generar una conducta o actitud en un momento o lugar en el que la persona se sienta avergonzada y expuesta innecesariamente. Debemos encontrar esos espacios donde el compañero se siente a salvo y entiende que nuestra confrontación busca su bien y no su mal.

> Por tanto, si tu hermano peca contra ti, ve y repréndele estando tú y él solos; si te oyere, has ganado a tu hermano. Mas si no te oyere, toma aún contigo a uno o dos, para que en boca de dos o tres testigos conste toda palabra. Si no los oyere a ellos, dilo a la iglesia; y si no oyere a la iglesia, tenle por gentil y publicano. De cierto os digo que todo lo que atéis en la tierra, será atado en el cielo; y todo lo que desatéis en la tierra, será desatado en el cielo. Otra vez os digo, que si dos de vosotros se pusieren de acuerdo en la tierra acerca de cualquiera cosa que pidieren, les será hecho por mi Padre que está en los cielos. Porque donde están dos o tres congregados en mi nombre, allí estoy yo en medio de ellos. Entonces se le acercó Pedro y le dijo: Señor, ¿cuántas veces perdonaré a mi hermano que peque contra mí? ¿Hasta siete? Jesús le dijo: No te digo hasta siete, sino aun hasta setenta veces siete. (Mateo 18.15–22)

> El consejo oportuno es precioso, como manzanas de oro en canasta de plata. (Proverbios 25.11, NTV)

> Pero mis enemigos sólo hablan mal de mí. Preguntan: «¿Falta mucho para que se muera y pase al olvido?». Me visitan como si fueran mis amigos, pero mientras tanto juntan chismes y, cuando se van, los divulgan a los cuatro vientos. (Salmos 41.5–6, NTV)

Establezcan como equipo que toda confrontación será con amor.
Me gusta definir *amor* como la auténtica y legítima inclinación voluntaria que desea y busca lo mejor para el otro y que se manifiesta en un conjunto de comportamientos y actitudes que traen el bien al ser amado.

Es importante que todo el equipo entienda que esta clase de amor es el catalizador primario de su relación personal. Como decía Ricardo Arjona en una de sus canciones: «Jesús es verbo no sustantivo»,[5] por eso el amor necesita dirigir las acciones y las palabras cuando se está confrontando a un hermano y un compañero de ministerio.

En cambio, hablaremos la verdad con amor y así creceremos en todo sentido hasta parecernos más y más a Cristo, quien es la cabeza de su cuerpo, que es la iglesia. (Efesios 4.15, NTV)

También os rogamos, hermanos, que amonestéis a los ociosos, que alentéis a los de poco ánimo, que sostengáis a los débiles, que seáis pacientes para con todos. Mirad que ninguno pague a otro mal por mal; antes seguid siempre lo bueno unos para con otros, y para con todos. (1 Tesalonicenses 5.14–15)

Si yo hablase lenguas humanas y angélicas, y no tengo amor, vengo a ser como metal que resuena, o címbalo que retiñe. Y si tuviese profecía, y entendiese todos los misterios y toda ciencia, y si tuviese toda la fe, de tal manera que trasladase los montes, y no tengo amor, nada soy. Y si repartiese todos mis bienes para dar de comer a los pobres, y si entregase mi cuerpo para ser quemado, y no tengo amor, de nada me sirve. El amor es sufrido, es benigno; el amor no tiene envidia, el amor no es jactancioso, no se envanece; no hace nada indebido, no busca lo suyo, no se irrita, no guarda rencor; no se goza de la injusticia, mas se goza de la verdad. Todo lo sufre, todo lo cree, todo lo espera, todo lo soporta. El amor nunca deja de ser; pero las profecías se acabarán, y cesarán las lenguas, y la ciencia acabará. Porque en parte conocemos, y en parte profetizamos; mas cuando venga lo perfecto, entonces lo que es en parte se acabará. Cuando yo era niño, hablaba como niño, pensaba como niño, juzgaba como niño; mas cuando ya fui hombre, dejé lo que era de niño. Ahora vemos por espejo, oscuramente; mas entonces veremos cara a cara. Ahora conozco en parte; pero entonces conoceré como fui conocido. Y ahora permanecen la fe, la esperanza y el amor, estos tres; pero el mayor de ellos es el amor. (1 Corintios 13.1–13)

CAPÍTULO 8

Los principios de las seis C

Hay algunos principios que necesitamos tener en cuenta para entender la dinámica y la relación entre las seis C en la iglesia y sus equipos ministeriales:

Principio 1. Cada una de las seis C provee un aspecto de la naturaleza de Dios, haciendo del equipo la manifestación del corazón y las obras de Dios a través de esos aspectos. La Consagración le da al equipo el *carácter* de Dios. El Compromiso le da al equipo la *pasión* de Dios. La Competencia le da al equipo la *habilidad* de Dios. La Coordinación le da al equipo el *orden* de Dios. La Cooperación le da al equipo la *ayuda* de Dios. Y el Compañerismo le da al equipo el *cuidado* de Dios.

Principio 2. Las seis C son secuenciales. Comenzando siempre con la consagración, la presencia de la C anterior habilitará la manifestación de la siguiente C. La Consagración de los miembros del equipo tiene como resultado el Compromiso de estos. Cuando hay Compromiso se libera para el bien de la obra lo mejor de las Competencias, mientras se procura la Coordinación con las competencias de los demás; a la Coordinación se añade la Cooperación, que ayuda a que todos cumplan con sus asignaciones para el bien del equipo y la tarea a realizar, abrazando a los demás en un Compañerismo que expresa el amor de Dios al buscar el bien de cada uno en el equipo.

Principio 3. Las seis C son un *todo* integrado. Se necesita cada una de ellas para que exista una salud plena en el equipo. Cuando falta una, entonces la salud del equipo está incompleta. Se deben cultivar todas estas cualidades en conjunto. De esa manera el equipo estará completamente saludable y habilitado para cumplir con su asignación en la Gran Comisión.

REFLEXIONE • CONVERSE

Reflexionen y conversen como equipo sobre cuáles de estas cualidades han estado presentes en la vida y el ministerio de la iglesia y el equipo, y en qué dimensión han manifestado el corazón y las obras de Dios; cuáles de estas cualidades han tenido importancia y cuáles no, y cómo piensan mantener las seis C activas y presentes en la vida y el ministerio del equipo. Anoten sus reflexiones y conclusiones.

Principio 4. Todo equipo debe enfrentar dos dimensiones: la del individuo con toda su individualidad y la del grupo con toda su complejidad.

Principio 5. La condición de individualidad del miembro siempre contribuye en mayor o menor proporción, y afecta para bien o para mal, a la realidad del conjunto del equipo.

Principio 6. La condición de conjunto del equipo siempre contribuye en mayor o menor proporción, y afecta para bien o para mal, a la realidad individual de cada miembro.

REFLEXIONE • CONVERSE

Reflexionen y conversen como equipo sobre la tensión que ha existido entre el individualismo de los integrantes y la complejidad del grupo, y cómo han encontrado, o no, un equilibrio saludable entre estas dos dimensiones, celebrando y respetando la identidad del individuo, pero también, al mismo tiempo, proyectando y honrando la identidad del equipo. Anoten sus reflexiones y conclusiones.

Principio 7. Se cultiva una integración saludable en el equipo cuando sus miembros están disponibles para rendir su consagración al compañerismo del grupo, su compromiso a la cooperación en el grupo, y su competencia a la coordinación con el grupo.

Principio 8. Se cultiva una integración saludable en el equipo cuando el compañerismo del equipo promueve la consagración de sus miembros; la cooperación en el equipo fortalece el compromiso de sus miembros; y la coordinación en el equipo potencia y lleva a su máxima expresión la competencia de los miembros del equipo.

CONJUNTO — INDIVIDUO

COMPAÑERISMO — El cuidado de Dios
CONSAGRACIÓN — El carácter de Dios
EQUIPO
COOPERACIÓN — La ayuda de Dios
COMPROMISO — La pasión de Dios
El orden de Dios
COORDINACIÓN
La habilidad de Dios
COMPETENCIA

REFLEXIONE • CONVERSE

Reflexionen y conversen como equipo sobre cómo han cultivado una integración saludable en el equipo, prestando especial cuidado a la relación consagración-compañerismo, compromiso-cooperación y competencia-coordinación. Anoten sus reflexiones y conclusiones.

Principio 9. La C que mantiene con vida las seis C es la **Comunicación.** Definimos la comunicación como transmitir señales mediante un código común al emisor y al receptor. Es decir, cuando estamos diciendo lo que estamos diciendo o haciendo lo que estamos haciendo, nuestras palabras y acciones tienen la misma interpretación y el mismo significado para nosotros que para aquellos que son receptores de las mismas.

Estoy convencido de que antes de establecer reglas de comunicación, los equipos deberían comenzar por desarrollar una cultura de comunicación donde las seis C encuentran su ambiente propicio para manifestarse y traer salud a la vida que comparten y al trabajo que realizan.

Sugiero que para empezar a cultivar y construir una cultura de comunicación en el equipo los líderes procuren dos cosas:

- La conversación intencional antes que el monólogo gerencial.
- La honestidad personal antes que la diplomacia social.

La conversación intencional antes que el monólogo gerencial. La tendencia es que los líderes llaman a los miembros del equipo y les comunican de forma unidireccional lo que ellos quieren y piensan. Los miembros del equipo entonces deben interpretar lo mejor posible lo que el líder dice e intentar vivirlo y hacerlo. Pero una cultura de comunicación nunca comienza con los monólogos de un líder. Siempre comienza con las conversaciones entre el líder y los miembros del equipo. El líder del equipo debe ser intencional en lo que respecta a desarrollar espacios de conversación. Deberíamos pasar más tiempo conversando con el equipo y como equipo que dando instrucciones u órdenes, porque en la conversación es donde empezamos a encontrar los significados comunes. Mientras más conversamos, más nos entendemos, más nos conocemos y desarrollamos significados comunes. Esto a la larga hará que no se necesite dar tantas instrucciones u explicaciones, porque una palabra o un simple gesto le dirá al resto del equipo lo que se quiere decir o lo que se necesita hacer. A lo largo del libro hemos buscado provocar la lectura y reflexión de la Palabra de Dios, pero también la conversación entre los miembros del equipo por esta misma razón.

La honestidad personal antes que la diplomacia social. Si hemos de fortalecer una cultura de comunicación, es importante asegurarnos de que nuestras conversaciones no están caracterizadas por la diplomacia social, donde solo decimos lo que el otro quiere escuchar o donde solo hablamos de asuntos superficiales y sin relevancia para los individuos o el equipo. Nuestras conversaciones deben encontrar ese grado de honestidad personal que nos permite hablar de lo que sentimos y cómo nos sentimos, así como también expresar nuestras opiniones y puntos de vista sin temor a ser avergonzados y menoscabados. Para poder expresarse con total honestidad las personas necesitan sentirse valoradas, aceptadas y respetadas. También es muy importante reconocer que honestidad no es la ausencia de amabilidad y gracia mientras hablamos con franqueza. Hablar con honestidad es decir lo que decimos con amor y respeto hacia el otro mientras expresamos nuestras opiniones y nuestra visión de las cosas o las circunstancias sin tabúes ni temores.

REFLEXIONE • CONVERSE

Reflexionen y conversen como equipo sobre cómo han cultivado una cultura de comunicación, prestando especial cuidado a cómo pueden desarrollar espacios de conversación liderados por la honestidad personal. Anoten sus reflexiones y conclusiones.

CAPÍTULO 9

Un ministerio saludable

S alud es el estado en que el organismo ejerce normalmente todas sus funciones. La Organización Mundial de la Salud (OMS) define la salud como «un estado de completo bienestar físico, mental y social, y no solamente la ausencia de afecciones o enfermedades».[1]

En relación con una iglesia o ministerio, salud es el buen estado y funcionamiento de su colectivo, viviendo y trabajando como un organismo con dimensiones espirituales y sociales que ejerce normalmente todas sus funciones, de tal manera que goza de un estado de bienestar tal que no solamente hay ausencias de enfermedades espirituales, sociales y ministeriales, sino que cuando aparece alguna de ellas, tiene la capacidad de resistirla y rechazarla.

Estas seis cualidades de un equipo: Consagración, Compromiso, Competencia, Coordinación, Cooperación, y Compañerismo, son las seis C, y personalmente las llamo la vitamina C de la iglesia y sus ministerios. Son la vitamina que el cuerpo de Cristo necesita para mantenerse saludable.

La medicina enseña que la vitamina C es muy importante para la salud del cuerpo. La vitamina C ayuda al desarrollo de los dientes, encías y huesos, a la absorción del hierro, al crecimiento y reparación de la piel más suave, a la metabolización de grasas, a la cicatrización de heridas. Además, es esencial para el desarrollo y el mantenimiento del organismo, por lo que su consumo es obligatorio para mantener una buena salud. También presenta diversas características curativas, como el conocido tratamiento para las enfermedades respiratorias menores (resfrío, gripe).

Por otro lado, sirve para evitar el envejecimiento prematuro, facilitar la absorción de otras vitaminas y minerales, evitar las enfermedades degenerativas y las enfermedades cardíacas, reforzar el sistema inmunológico, y es además un antioxidante.

Si queremos que la iglesia y sus equipos ministeriales mantengan su salud y estabilidad, necesitamos la vitamina C de la Consagración, el Compromiso, la Competencia, la Coordinación, la Cooperación y el Compañerismo.

Este círculo de salud comienza con la Consagración del individuo, y alcanza su estado de mayor vigor y fortaleza con el Compañerismo en el cuerpo/equipo. Cuando están todas presentes traen al cuerpo salud y lo defienden de los virus y las enfermedades diabólicas que quieren matar y destruir al cuerpo de Cristo en la tierra.

Trabajemos permanentemente para hacer de nuestras iglesias locales y sus ministerios el cuerpo de Cristo, donde la actividad propia de cada miembro sea siempre la Consagración que manifiesta el carácter de Dios; el Compromiso que manifiesta la pasión de Dios; la Competencia que manifiesta la habilidad de Dios; la Coordinación que manifiesta el orden de Dios; la Cooperación que manifiesta la ayuda de Dios; y el Compañerismo que manifiesta el cuidado de Dios; de tal manera que los miembros del equipo se desarrollen individualmente mientras el equipo tiene la salud que lo habilita a crecer y edificarse a través de la manifestación más sublime del amor de Dios.

Notas

CAPÍTULO 1

1. Ángel F. Sánchez Escobar, *Hacia el desarrollo espiritual* (Sevilla, España: Semíramis, 2015), Tercer Paso, edición digital.
2. Ibíd.

CAPÍTULO 2

1. Jacinto María Garrastachu, O.P., *Cristo, el dolor y... yo* (Toledo: Asociación Cultural San José y Santa Teresa, 2007), p. 93.
2. Ver James Strong, *Nueva concordancia Strong exhaustiva de la Biblia* (Nashville: Grupo, 2002), s.v. 1937 «epidsuméo», 1938 «epidsumetés», 1939 «epidsumía».
3. Ibíd, s.v. 1511 «jeinai».
4. Ibíd., s.v. 8669 «teshucá».
5. Ibíd., s.v. 7783 «shuc».
6. Real Academia Española, *Diccionario de la lengua española*, 22ª ed. (Madrid: Espasa, 2012), s.v. «rendir», http://lema.rae.es/drae/?val=rendir.
7. Strong, *Nueva concordancia Strong*, s.v. 5414 «natán».
8. Ibíd., s.v. 3027 «yad».
9. Ibíd., s.v. 5293 «jupotásso».
10. Real Academia Española, *Diccionario*, s.v. «resistir», http://lema.rae.es/drae/?val=resistir.
11. Strong, *Nueva concordancia Strong*, s.v. 498 «antitássomai».
12. Ibíd., s.v. 436 «andsístemi».
13. Anónimo, *El cristiano de rodillas* (Barcelona: Clie, 2008), pp. 49–50.
14. Strong, *Nueva concordancia Strong*, s.v. 4820 «sumbállo».
15. Ibíd., s.v. 1897, «jagá».
16. Ibíd., s.v. 7878, «síakj».
17. Tomas de Kempis, *Imitación de Cristo*, trad. Agustín Magaña Méndez (México, D.F.: Paulinas, 1995), p. 92.

CAPÍTULO 3

1. John C. Maxwell, *Sé todo lo que puedas ser* (Buenos Aires: Peniel, 2001), p. 189.
2. Ibíd., p. 199.

CAPÍTULO 4

1. Anna Pavolva, citada en Amy Reynolds Alexander, «Ballerina Anna Pavlova Her Painstaking Attention To Detail Helped Make Her A Legend In Dance», Investor's Business Daily, 11 septiembre 2000, http://news.investors.com/management-leaders

-and-success/091100-350919-ballerina-anna-pavlova-her-painstaking-attention-to-detail-helped-make-her-a-legend-in-dance.htm.

2. Real Academia Española, *Diccionario*, s.v. «excelente», http://lema.rae.es/drae/?val= excelente.

3. Amado Nervo, «Plenitud», XLI «Aquí estoy» (México: Botas, 1966), p. 53. La obra está bajo dominio público.

4. *Diccionario El Mundo* (Espasa Calpe, 2001), http://diccionarios.elmundo.es/diccionarios/cgi/diccionario/lee_diccionario.html?busca=aprendizaje&diccionario=1&submit=Buscar+.

5. Real Academia Española, *Diccionario*, s.v. «excelente», http://lema.rae.es/drae/?val=aprendizaje.

6. Warren Bennis y Burt Nanus, *Líderes: Las cuatro claves del liderazgo eficaz* (Bogotá: Norma, 1985), pp. 134–35.

7. Andy Stanley, *El líder de la próxima generación* (Miami: Unilit, 2003), pp. 15–16.

8. Marcus Buckingham y Donald O. Clifton, *Ahora, descubra sus fortalezas* (Bogotá: Norma, 2001), pp. 15–16, 31–32, 36.

9. Ibíd., p. 15.

10. Ibíd., p. 17.

11. Ibíd., p. 40.

12. Ibíd., p. 66.

13. Ibíd., p. 40.

CAPÍTULO 5

1. John Maxwell, *El poder de una alianza en la iglesia* (Nashville: Grupo Nelson, 2000), p. 28.

2. Rafael Porter, *Estudios bíblicos ELA: Edificando para Dios (Nehemías)* (Puebla, México: Las Américas, 1991), p. 34.

3. Héctor Torres, *Liderazgo, ministerio y batalla* (Nashville: Grupo Nelson, 1997), p. 98.

CAPÍTULO 6

1. Charles Brower, citado en John C. Maxwell, *El poder de la alianza en la iglesia* (Nashville: Grupo Nelson, 2000), p. 17.

2. John Wooden, *They Call Me Coach* (Nueva York: McGraw Hill, 2004), p. 104.

3. Real Academia Española, *Diccionario*, s.v. «altruismo», http://lema.rae.es/drae/?val=altruismo.

4. Ibíd., s.v. «disponibilidad», http://lema.rae.es/drae/?val= disponibilidad.

5. Strong, *Nueva concordancia Strong*, s.v. 5071 «nedabá».

6. Ibíd., s.v. 4991 «matát»

7. Ibíd., s.v. 572 «japlótes».

CAPÍTULO 7

1. Margaret Carty, citada en Gail McMeekin, *12 Secrets of Highly Creative Women* (Boston: Conari, 1999), p. 141.

2. Real Academia Española, *Diccionario*, s.v. «compañero», http://lema.rae.es/drae/?val=compañero.

3. Concepción Arenal, *Manual del visitador del pobre* (Bilbao: El Pan de los Pobres, 2009), p. 69.

4. Ver *Comentario bíblico Mundo Hispano*, tomo 7 *Esdras-Job* (El Paso, TX: Mundo Hispano, 2005), p. 325.

5. Ricardo Arjona, «Jesús verbo no sustantivo», en *Animal nocturno* (disco compacto, lanzado 1989; ℗ Sony Music Entertainment México, 1992).

CAPÍTULO 9

1. Constitución de la Organización Mundial de la Salud (Nueva York, 1946), p. 1, http://www.who.int/governance/eb/who_constitution_sp.pdf.

Acerca del autor

D aniel Prieto ha servido en el ministerio pastoral por cerca de treinta años. Actualmente lidera la Comisión Nacional Hispana y es el Coach Misional y Coordinador de Multiplicación Hispano de la Iglesia Cuadrangular en Estados Unidos.

Junto a su esposa, Mónica, comenzaron en el año 2006 el ministerio Conexión Pastoral, a través del cual ministran y equipan al pastor, su familia y su ministerio, además de desarrollar la Escuela de Formación Pastoral, donde cada año cientos de pastores y líderes de todo el mundo están siendo formados como personas y ministros según el corazón de Dios.

También es el fundador de «La red lo dijo Jesús», una red misional que promueve el liderazgo y las palabras de Jesús como la forma de proclamar el evangelio.

Es coautor del libro *Sembrando iglesias saludables* y autor de, entre otros, los libros *La vida con Jesús* y *Defendiendo nuestra fe*. Ha escrito varios textos programados sobre el ministerio pastoral, los cuales se usan para la Escuela de Formación Pastoral.

Tiene un Bachillerato en Teología del Instituto Bíblico Vida, Argentina; una Licenciatura en Ministerio Cristiano de la Facultad de Teología de la Iglesia Cuadrangular, Montebello, California, Estados Unidos; y una Maestría en Artes en Religión de Azusa Pacific

University, Azusa, Estados Unidos. Actualmente está cursando su Doctorado en Ministerio en el Seminario Teológico Fuller, Pasadena, California.

Está felizmente casado con Mónica desde 1989, y tienen cuatro hijas: Melisa, Julieta, Paula y Victoria.

Información de contacto
www.danielprieto.org
pastordanielprieto@gmail.com

Conexión pastoral

La misión

Primero. Auxiliar, equipar y cuidar al pastor y los ministros de Dios, así como a sus familias y sus ministerios, proveyendo Compañerismo, Asistencia, Recursos y Entrenamiento.

Segundo. Provocar el protagonismo de las iglesias locales en la Gran Comisión promoviendo la Visión Alcance: cada iglesia local, una iglesia alcanzando la ciudad, la nación y el mundo, porque todos los días, en el templo y por las casas, no cesan de enseñar y predicar a Jesucristo, proclamando las buenas noticias de salvación, edificando vidas, entrenando obreros, compartiendo recursos, enviando ministros y sembrando iglesias; mientras el Señor añade cada día a la iglesia los que van siendo salvos, disfrutan de la estimación general del pueblo y no hay ningún necesitado en la comunidad de creyentes, porque la gracia de Dios se derrama abundantemente sobre todos ellos. Ver Hechos 18.9–10; Isaías 60.22; Isaías 55.4–5; Hechos 2.47; 4.33–34; 5.42; 20.20.

Tercero. Levantar y pastorear a las generaciones jóvenes para que descubran su propósito como generación, de tal manera que anhelando la presencia de Dios y disfrutando el corazón de Dios activen los cinco ministerios (apóstoles, profetas, evangelistas, pastores y maestros) y conquisten las siete esferas de influencia de la sociedad (gobierno, educación, familia, artes y entretenimiento, medios de comunicación, religión y finanzas) con el objetivo de predicar el evangelio hasta lo último de la tierra, haciendo discípulos en todas las naciones, y liderando a sus comunidades a fin de vivir bajo al señorío de Jesucristo.

La Visión C A R E

Compañerismo: Para la comunidad pastoral
1. Actividades recreativas para el pastor y su familia.
2. Campamentos para las familias pastorales.
3. Espacios para la convivencia entre pastores y sus familias.

Asistencia: Para la persona y la familia del pastor
1. Centros sabáticos.
2. Asesoramiento y consejería.
3. Subsidios.

Recursos: Para el trabajo del pastor
1. Producción material.
2. Medios de comunicación.
3. Desarrollo de programas ministeriales.

Entrenamiento: Para el ministerio del pastor
y los obreros locales
1. Encuentros de conexión pastoral.
2. Cursos de capacitación y especialización.
3. Escuela de Formación Pastoral.

Conexión Pastoral
conexionpastor@gmail.com
www.conexionpastoral.com
www.escuelapastoral.com